Konfliktmanagement in der Schule

Moderieren, Lösen, Vorbeugen

Gustav Keller

Konfliktmanagement in der Schule

Moderieren, Lösen, Vorbeugen

Kallmeyersche Verlagsbuchhandlung

Die Deutsche Bibliothek – CIP-Einheitsaufnahme

Ein Titeldatensatz für diese Publikation ist bei der
Deutschen Bibliothek erhältlich.

Impressum
Gustav Keller: Konfliktmanagement in der Schule.
          Moderieren, Lösen, Vorbeugen

© Kallmeyersche Verlagsbuchhandlung GmbH 2001, 30926 Seelze-Velber
1. Aufl. 2001
Redaktion: Michael Boer
Realisation: Friedrich Medien-Gestaltung
Titel: Dirk Jäger
Druck: Print-design, Minden
Printed in Germany

ISBN: 3-7800-4924-4

1. Einleitung

Konflikte gehören genauso zum Alltag einer Schule wie Hausaufgaben, Klassenarbeiten, Pausenzeichen und andere Regelmäßigkeiten. Sie entstehen überall dort, wo unterschiedliche Bedürfnisse, Interessen, Meinungen und Überzeugungen aufeinander treffen. Sie dürfen nicht von vornherein als schädlich angesehen werden. So können sie wichtige Frühwarnsignale sein, die ein rechtzeitiges Reagieren auf Fehlentwicklungen ermöglichen. Konflikte bieten auch Gelegenheit, langfristig aufgestaute Gefühle zur Sprache zu bringen, was psychohygienisch nützlich sein kann. Trotz dieser positiven Aspekte tun sich im Schulalltag immer wieder Konflikte auf, die sehr negativ verlaufen und das Zusammenleben empfindlich stören.

Zum einen liegt dies daran, dass viele Konflikte zu impulsiv gelöst werden. Das heißt, dass die Konfliktpartner aus dem lebensgeschichtlich erworbenen Lösungsrepertoire irgendeine Strategie unbedacht auswählen. Ohne genauere Konfliktanalyse zieht

> *„Konflikte sind das Salz in der Suppe des zwischenmenschlichen Lebens. Sie nerven, aber ohne sie gibt es keinen Fortschritt."*
> *Alexander Redlich*

sich der eine vorschnell zurück und gibt nach. Ein anderer geht im Zustand der emotionalen Erregung sofort zur Attacke über und wird aggressiv. Dieser impulsive Konfliktlösungsstil birgt die Gefahr von Fehlreaktionen und Überreaktionen. Insbesondere dann, wenn sich Konflikte zwischen hierarchisch unterschiedlich positionierten Menschen abspielen (z. B. Lehrer-Schüler, Schulleiter-Lehrer), kommt es oft vor, dass der Stärkere dem Schwächeren eine Lösung aufzwingt, ohne ihm eine Chance zum Dialog zu geben. Diese machtorientierte Strategie unterbindet zwar momentan bestimmte Handlungen, beseitigt aber nicht deren Motive. Diese werden wirksam bleiben und bei nächster Gelegenheit erneut nach Handlung drängen.

Erfolgreiches schulisches Konfliktmanagement muss systematisch, dialogisch und lösungsorientiert angelegt sein. Einen Konflikt zu lösen bedeutet, dass die Konfliktparteien den Konflikt gemeinsam analysieren und darauf aufbauend zu einer tragfähigen Lösungskonstruktion und Zielvereinbarung gelangen.

Konfliktmanagement heißt aber nicht nur, aktuelle Konflikte erfolgreich zu behandeln und zu lösen. Die wahre Intelligenz eines Konfliktmanagements zeigt sich dann, wenn die im Konfliktfeld handelnden Personen Einflussgrößen und Rahmenbedingungen zu erkennen beginnen, die immer wieder zu schwierigen Situationen führen. Ein Klassenlehrer hat mir berichtet, dass er eine Zeit lang in seiner Klasse intensiv Konfliktmoderation betrieben hat. Mit diesem Modell war es möglich, aktuelle Streitigkeiten zu schlichten. Dennoch traten sie immer wieder auf. Allmählich wurde ihm bewusst, dass der Streit meist durch fehlende soziale Fertigkeiten ausgelöst wurde. Ausgehend von dieser Erkenntnis führte er mit seiner Klasse ein intensives Sozialverhaltenstraining durch (s. Keller/Hafner 1999). Innerhalb eines Schuljahres kam es zu einer deutlichen Reduktion der Konfliktfälle. Und zwar deshalb, weil die Schülerinnen und Schüler es gelernt hatten, einfühlsamer und achtsamer miteinander umzugehen. An diesem Beispiel wird deutlich, dass zum erfolgreichen Konfliktmanagement auch die präventive Konfliktbe-handlung gehört. „Mit präventiven Interventionen wird beabsichtigt, dass es gar nicht erst zum Ausbruch eines Konflikts kommt" (Glasl 1999, S. 289).

Wer in der Schule arbeitet, weiß, dass nicht alle Konflikte moderatorisch oder präventiv lösbar sind. Es kommt leider immer wieder zur Verletzung von Rechts-normen und Grenzüberschreitungen, die Sanktionen zur Folge haben müssen. Dies ist beispielsweise der Fall, wenn ein Schüler von einem Mitschüler körperlich schwer verletzt wird, wenn ein Lehrer alkoholisiert unterrichtet oder wenn ein Lehrer von einem Vater übel beleidigt und bedroht wird. In solchen Fällen sind zunächst sank-tionierende Grenzziehungen notwendig.

2. Konflikte im Schulalltag

Fallbeispiele:

In einer siebten Klasse wird ein Schüler immer wieder gemobbt und ausgegrenzt. Er hält diese Situation nicht mehr aus. Die Mutter droht, ihren Sohn nicht mehr zur Schule zu schicken, wenn dem Mobbing kein Einhalt geboten werde.

Eine Schülerin stört seit dem Beginn des Schuljahres massiv den Unterricht in fast allen Fächern. Die in der Klasse unterrichtenden Lehrerinnen und Lehrer sind ratlos. In einer pädagogischen Konferenz möchten sie gemeinsam ein Lösungskonzept erarbeiten.

> *„Nicht der Konflikt als solcher ist gefährlich, sondern das Verhalten der Konfliktparteien." Harald Gampe*

Auf dem Pausenhof kommt es immer wieder zu körperlichen Auseinandersetzungen. Ein Teil des Kollegiums gerät mit dem übrigen Kollegium darüber in Streit, wie auf diese Verhaltensweisen reagiert werden soll. Während die einen vor einer Dramatisierung warnen und der Meinung sind, dass man das Verhalten in den Griff bekommen könne, sind die anderen für die Erstellung eines strengen Maßnahmenkatalogs.

Die Elternschaft einer Klasse hält die Leistungsmaßstäbe eines Mathematiklehrers für zu hoch und seine Klassenarbeiten für übermäßig schwer. Der beschuldigte Mathematiklehrer ist der Auffassung, dass manche Kinder dieser Gymnasialklasse nicht begabt genug seien und die Schulform wechseln müssten. Außerdem hätten viele Schülerinnen und Schüler Stofflücken aus den letzten beiden Schuljahren.

Einige Kolleginnen und Kollegen sind der Meinung, dass sie vom Rektor benachteiligt würden, insbesondere bei der Lehrauftragsverteilung. Er bevorzuge Personen, die zu seinem inneren Zirkel gehören würden. Sie fordern mehr Mitsprache und Transparenz.

Selbst harmonische Menschen müssen zugeben, dass Konflikte zu ihrem Alltag gehören.

Ist ein Konflikt einmal in Gang gekommen, wirkt er sich auf verschiedenste seelische Bereiche aus:

- Es wird schärfer wahrgenommen, was trennt (Lupeneffekt).
- Es entstehen Gefühle wie Ärger, Argwohn, Angst, Feindseligkeit und Misstrauen.
- Das Denk- und Einstellungssystem beginnt sich zu verengen.
- Die Kommunikation wird spannungsgeladen. Der Konflikt verlagert sich immer mehr von der Sach- auf die Beziehungsebene.

Konflikte können sich in einem unterschiedlich großen Rahmen (Arena) abspielen (Glasl 1999). Handelt es sich um Auseinandersetzungen zwischen einzelnen Personen (z. B. Schulleiter und unpünktlicher Lehrer), liegt ein mikrosozialer Konflikt vor. Geraten größere Gruppen in Gegensatz (z. B. verschiedene Teile des Kollegiums), spricht man von einem mesosozialen Konflikt. Treten Spannungen zwischen einer Institution und einer Interessengruppe auf (z. B. zwischen einem Lehrerverband und dem Kultusministerium), wird die Auseinandersetzung makrosozialer Konflikt genannt. Es kann durchaus vorkommen, dass mikro- und mesosoziale Konflikte den gegenwärtigen Rahmen sprengen, publik werden und durch die Medienberichterstattung eine Eskalation erfahren, die eine Konfliktlösung sehr erschwert.

Konflikte können auch hinsichtlich des Konfliktklimas typologisiert werden. Betrachtet man Konflikte genauer, so lassen sich immer wieder zwei Typen unterscheiden: heiße und kalte Konflikte (Glasl 1999, S. 70ff.).

Ein heißer Konflikt ist gekennzeichnet durch hohe Ideale der Konfliktparteien, durch offenes Kampfverhalten, durch zahlreiche heftige Zusammenstöße sowie durch dramatische Formen.

Der kalte Konflikt ist weniger offen und augenscheinlich. Idealistische Positionen sind nicht die Haupttriebfeder, sondern eher primäre Antipathien und Aversionen sowie Machtmotivationen. Der Konfliktaustrag erfolgt meist durch Meiden, Ignorieren, Sarkasmus, Zynismus und Fallenstellen. Diese Auseinandersetzungen sind für die Seele einer Schule schädlicher als heiße Konflikte.

Fast allen Konflikten liegt ein mehr oder weniger langer Entstehungs- bzw. Eskalationsprozess zugrunde. Man unterscheidet fünf Phasen:

1. Latenzphase
Es werden verschiedene Ursachen wirksam, deren sich die Konfliktparteien noch nicht oder nur unterschwellig bewusst sind.

2. Wahrnehmungsphase
Die Konfliktparteien erkennen Gegensätze. Meinungsverschiedenheiten werden offensichtlich.

3. Erlebnisphase
Die Differenzen erzeugen Ärger, Aggressionen, Enttäuschungen und Spannungen.

4. Manifeste Phase
Oft genügt ein kleiner Anlass, der „Kampfhandlungen" erzeugt. Die eine Seite versucht der anderen Schaden zuzufügen, Lösungen aufzuzwingen. Vorgesetzte, Schlichter und Moderatoren werden auf den Plan gerufen

5. Nachwirkungsphase
Entweder kommt es zur Beseitigung der ursächlichen Faktoren oder der Konflikt lädt sich von neuem auf.

In der Schule ereignen sich Konflikte genauso häufig wie im übrigen Alltag. Das Erscheinungsbild von Schulkonflikten ist sehr vielfältig. Wollte man sie alle normativ regeln, müsste man riesige Bürokratien damit beschäftigen. Die zahlreichen Konflikte ereignen sich auf sechs zentralen Ebenen:
- Schüler – Schüler (z. B. Pausenraufereien)
- Lehrer – Schüler (z. B. Unterrichtsstörungen)
- Lehrer – Lehrer (z. B. unterschiedliche Leistungserwartungen)
- Schule – Elternhaus (z. B. unterschiedliche Erziehungsstile)
- Schulleiter – Lehrer (z. B. Pflichtverletzung)
- Schulverwaltung – Schule (z. B. Ressourcenzuteilung)

Wer Schulkonflikte analysiert und moderiert, stellt immer wieder fest, dass es nicht nur unterschiedliche Bedürfnisse, Interessen, Einstellungen, Meinungen, Erwartungen und Kommunikationsstile sind, die zu Streit und Auseinandersetzungen führen. Es gibt unter dieser aktuellen Ursachenebene eine tiefer liegende Ursachenstruktur, die aus einzelnen Konfliktquellen besteht. Diese befinden sich in einem multifaktoriellen Wechselspiel und sind am Entstehungsprozess von Konflikten in besonderem Maße beteiligt.

Konfliktquelle: Schüler

Viele Schulkonflikte rühren ganz einfach daher, dass Kinder und Jugendliche sich im Stadium des Werdens und Wachsens befinden, beziehungsweise noch keine perfekten Erwachsenen sind.

Hinzu kommt, dass manche Schülerinnen und Schüler deutliche Entwicklungsgrenzen aufweisen (Begabungsmängel, Temperamentsprobleme). Aufgrund dieser physischen und psychischen Unvollkommenheit haben sie mehr oder weniger große Schwierigkeiten,
- Lernziele zu erreichen,
- eine wirksame Lernmethodik zu erlernen,
- in der Konsumgesellschaft die Steuerung ihrer Bedürfnisse zu lernen,
- die körperlich-seelischen Wandlungen in ihre Person zu integrieren,
- Kritik und schulische Misserfolge zu verarbeiten,
- Identität und Sinn zu finden,
- sich ein positives Sozialverhalten anzueignen.

Konfliktquelle: Familie

Die Familie als primärer Ort der Geborgenheit hat sich radikal geändert. Sie ist kleiner geworden und ihre Erziehungs- sowie Beziehungsfähigkeit hat deutlich abgenommen. Was ihren Beitrag zu Schulkonflikten betrifft, so fallen folgende Faktoren ins Gewicht:
- Viele Familien sind Problemfamilien, entweder während der gesamten Ent-

wicklungszeit eines Kindes oder phasenweise. 35 % der Ehen werden geschieden; in den Großstädten jede zweite. Das Zerbrechen der emotionalen Urheimat irritiert Kinder sehr.

◆ Viele Eltern definieren ihr Verhältnis zu den Kindern anders. Die Familie wandelt sich von einer Autoritäts- zu einer Verhandlungsfamilie.

◆ In immer mehr Familien wird das Prinzip der Grenzziehung missachtet.

◆ Nicht wenige Eltern verwöhnen ihre Kinder maßlos.

◆ In ca. 25 % der Familien wird hart bestraft, was Kinder aggressiv, misstrauisch und bindungsschwach werden lässt.

◆ Viele Eltern, insbesondere der höheren Sozialschichten, sind nicht mehr bereit, bei der Schulwahl die Persönlichkeit ihrer Kinder zu beachten.

◆ Nicht wenige Eltern machen spontanes Freizeitverhalten unmöglich, indem sie Kindern stresserzeugende Freizeitprogramme aufzwingen.

Konfliktquelle: Lehrer

Konflikte in der Schule wurzeln sicherlich auch in der Persönlichkeit und im Repertoire der Lehrerinnen und Lehrer. Erziehung und Unterricht stellen hohe Anforderungen an ihre menschlichen Qualitäten, an ihre Belastbarkeit, an ihr Führungsverhalten und an ihre fachlich-methodischen Fähigkeiten. Typische Konfliktbeiträge sind:

◆ Es werden zu wenig Normen verdeutlicht und Grenzen gezogen.

◆ Es werden Konsequenzen angedroht, aber bei Grenzüberschreitungen nicht umgesetzt.

◆ Fehlverhalten und Misserfolg werden mit Entmutigung, Bloßstellungen und Killerbotschaften beantwortet.

◆ Es wird zu viel Defizitfahndung und zu wenig Schatzsuche praktiziert bzw. es wird weit mehr getadelt als gelobt.

◆ Die Beziehungsebene wird nicht gepflegt. Es finden zu wenig Klassen- und Einzelgespräche statt.

◆ Die Einstellung zu Eltern ist negativ. Der Kontakt mit ihnen wird auf das Nötigste beschränkt.

◆ Der Unterricht wird schlecht vorbereitet, schlecht durchgeführt und kaum nachbereitet.

◆ Die Lehrperson ist psychisch stark belastet durch persönliche und familiäre Probleme.

Konfliktquelle: Schule

Jede Schule ist ein organisches, soziales Ganzes, in dem gelebt, gelernt und gelehrt wird. Die Art und Weise, wie in der Schule miteinander kommuniziert und kooperiert wird, kann ebenfalls konfliktverursachend sein. Schwierigkeiten erzeugen folgende Negativmerkmale:

◆ Die Schulleitung sorgt nicht für Zielklarheit und Transparenz, delegiert ungern, würdigt Lehrer- und Schülerleistungen zu wenig und behandelt Lehrerinnen und Lehrer ungleich.

◆ Die Schule hat kein pädagogisches Konzept, an dem die einzelnen Lehrer ihr Handeln ausrichten können. Und die Schule als Ganzes hat keine Philosophie (Corporate Identity), mit der sich alle (Lehrer, Eltern, Schüler) identifizieren können.

◆ Der schulinterne Informationsfluss lässt zu wünschen übrig. Es dauert zu lange, bis wichtige Informationen zum Empfänger gelangen

◆ Die Lehrerinnen und Lehrer, die in einer Klasse unterrichten, sind kein Team. Sie missachten das Grundgesetz des minimalen pädagogischen Konsenses. Ihre Erziehungs- und Unterrichtsstile divergieren zu stark, sie sind sich uneinig hinsichtlich grundsätzlicher Erziehungsziele und Erziehungsmethoden.

◆ Die Beziehung bzw. die Kommunikation zwischen Lehrern, Schülern und Eltern und ihr Umgang miteinander ist gereizt und unfreundlich.

Konfliktquelle: Konfliktverhalten

Nicht wenige Schulprobleme werden erst dadurch zum akuten Konflikt, weil die Konfliktparteien elementare Fehler begehen. Das heißt, dass die Hauptursache in einer fehlenden oder falschen Lösungsstrategie liegt. Folgende Fehler fallen häufig auf:

◆ Das Konfliktgeschehen und beteiligte Personen werden selektiv wahrgenommen, aus dem Blickwinkel von Vorurteilen und Voreingenommenheiten.

◆ Es wird nicht überlegt, ob es sich um einen Schein-, Rand-, Zentral- oder Extremkonflikt handelt, sondern impulsiv gehandelt.

◆ Ohne die Motive, Interessen und Sichtweisen der einzelnen Konfliktparteien kennen zu lernen und zu bewerten, wird eine Konfliktlösung erzwungen. Aus der Angst heraus, die Sachlichkeit könnte Schaden nehmen, wird auf einfühlendes Verstehen verzichtet.

◆ Emotionale Erregungen werden nicht kontrolliert, sondern blindlings ausagiert. Konfliktgegner werden durch einen aggressiv-entwertenden Kommunikationsstil gekränkt und verletzt.

◆ Die Sammlung konfliktklärender Informationen erfolgt fehlerhaft. Ursachen werden selektiv oder oberflächlich erforscht. Die Ereignisse werden nicht chronologisch geordnet. Die Befragten sind nicht repräsentativ für die Beteiligten.

◆ Es wird zu wenig Mühe auf die Sammlung und kritische Bewertung von Lösungsideen verwendet. Vorschnell fällt die Wahl auf ein Lösungsmodell.

◆ Die Lösung wird zwar gefunden, aber sie wird nicht klar genug formuliert und fixiert. Wer was wann konkret tut, bleibt offen.

◆ Es wird nicht auf emotionale Nachsorge geachtet. Die wichtige Frage „Wie geht es Ihnen jetzt?" bleibt aus und der nächste Konflikt beginnt sich schon wieder aufzuladen.

Konfliktquelle: Rahmenbedingungen

Nicht immer unmittelbar, aber oft mittelbar wirkend erhöht auch der Bezugsrahmen, in den die Schule eingebettet ist, die Wahrscheinlichkeit von Schulkonflikten. An Konfliktbeiträgen sind zu nennen:

* die radikalen Veränderungen in der Familienstruktur und den Wohnumwelten,
* der hektische, konsumorientierte Lebensstil,
* mediale Überreizung,
* mediale Gewaltmodelle (Fernsehfilme, Videofilme, Computerspiele),
* der Zusammenbruch des gesellschaftlichen Erziehungskonsenses,
* die Zunahme sozialer Brennpunkte als Folge der Arbeitslosigkeit,
* die Reduktion der Bildungsinvestitionen als Folge der Finanzkrise des Staates,
* das schlechte Berufsimage der Lehrerschaft,
* die Struktur der Lehrerarbeitszeit und Unterrichtszeit,
* schulorganisatorische und beamtenrechtliche Hemmnisse.

Konfliktquellen aus der Sicht von Schulexperten

(Umfrage von Keller 1994)
* falsche Lösungsstrategie (42 %)
* Problemschüler (33 %)
* Problemfamilien (33 %)
* Problemlehrer (31 %)
* schlechte Rahmenbedingungen (28 %)
* fehlender pädagogischer Konsens (25 %)
* schulische Erziehungs- und Kommunikationsfehler (23 %)
* schlechter Unterricht (23 %)
* schlechte Schulleitung (15 %)

Weiterführende Literatur
Keller, G.: Pädagogische Psychologie griffbereit. Ein schulpraktisches Handbuch. Donauwörth 1994.
Keller, G.: Schulische Entwicklungspsychologie. Entwicklung, Entwicklungsprobleme, Entwicklungsförderung. Donauwörth 2000.
Neubauer, W. F./Gampe, H./Knapp, R.: Konflikte in der Schule. Aggression, Kooperation, Schulentwicklung. Neuwied 1999[5].

3. Konfliktlösung

Wie einleitend schon dargelegt, besteht ein häufiger Lösungsfehler darin, dass in Konfliktsituationen zu impulsiv gehandelt wird. Sicherlich ist dies nicht zu verhindern, wenn die konfliktlösende Person unter starkem situativen Handlungsdruck steht. Dann bleibt meist keine Zeit für strategische Überlegungen.

Wer sich jedoch ein Mindestmaß an Handlungsaufschub leisten kann, sollte sich vor der eigentlichen Intervention Gedanken darüber machen, welche globalen Interventionsziele er anstrebt.

Der Konfliktexperte Friedrich Glasl (1999) gelangte bei der Analyse gängiger Konfliktbehandlungen zu folgenden grundsätzlichen Möglichkeiten:

> *„Nah ist und schwer zu fassen der Gott.*
> *Wo aber Gefahr ist, wächst das Rettende auch."*
> *Friedrich Hölderlin*

Kurative Intervention (einen bestehenden Konflikt kooperativ und systematisch lösen):
- Konfliktbeschreibung: Was liegt vor? Was ist am Konflikt bedeutsam? Wie wird der Schweregrad von den Beteiligten eingeschätzt?
- Problemanalyse und Zieldefinition: Darlegung der Standpunkte und Sichtweisen, Kennenlernen der Motive, Gefühle und Sichtweisen, Perspektivenwechsel, Erklärungsmodell;
- Gemeinsame Suche nach Lösungsmöglichkeiten: zuerst Ideensammlung, dann erst Bewertung;
- Entscheidung für ein akzeptables und praktikables Lösungsmodell;
- konkrete Vereinbarung, wer welche Aufgabe übernimmt;
- Erfolgskontrolle und Hilfen zur persönlichen Vereinbarung.

Deeskalierende Intervention (bei Konflikten, die nicht sofort gelöst, sondern allerhöchstens auf ein erträglicheres Niveau reduziert werden können):
- Eskalationsmechanismen bewusst machen;
- Vergleich der ursprünglichen Intentionen mit den negativen Auswirkungen des Konflikts;
- Überprüfung, Vergleich, Korrektur der Wahrnehmungen;
- Vermittlung des Gefühls, dass die Beteiligten den Konflikt eingrenzen und steuern können;

Eskalierende Intervention (vor allem bei kalten Konflikten):
- Unausgesprochenes hervorholen (Provokationsmethode);
- Konfliktparteien konfrontieren (Konfrontationsmethode);
- Negative Prognostizierung des weiteren Konfliktverlaufs;
- Die Konfliktparteien zur Bearbeitung der Beziehungsprobleme motivieren;

Wer generell wissen möchte, wie eine Konfliktbehandlung grundsätzlich ausgerichtet sein soll, dem hilft Glasls Orientierungsmodell sicherlich weiter. Wie aus einer Befragung von Schulexperten hervorgeht, lassen sich dadurch viele Konflikte wirksamer lösen (s. u.). Andererseits geht aus derselben Befragung auch hervor, dass viele Interventionen nicht nötig wären, wenn mehr Mühe auf die Konflikt- prävention verwandt würde.

Konfliktbewältigung aus der Sicht von Schulexperten

(Umfrage von Keller 1994)
- bessere Lösungsstrategie (48 %)
- Problemlehrer-Beratung (31 %)
- pädagogischer Grundkonsens (31 %)
- Schülerberatung (29 %)
- Elternberatung/Elternarbeit (29 %)
- bessere Rahmenbedingungen (29 %)
- guter Unterricht (19 %)
- bessere Schulleitung/Schulleiterauswahl (17 %)

Weiterführende Literatur
Glasl, F.: Selbsthilfe in Konflikten. Konzepte, Übungen, praktische Methoden. Stuttgart 1998.
Glasl, F.: Konfliktmanagement. Ein Handbuch für Führungskräfte, Beraterinnen und Berater. Bern 1999[6]
Müller-Fohrbrodt, G.: Konflikte konstruktiv bearbeiten lernen. Zielsetzungen und Methodenvorschläge. Leverkusen 1999.

3.1 Konfliktlösende Gespräche

Kommt es zu Konflikten, die von den Beteiligten selbst nicht bewältigt werden können, ist ein Moderator vonnöten – entweder ein schulinterner oder ein schulexterner. Er lässt sich den Konflikt näher beschreiben. Er gibt allen Beteiligten die Chance, ihre persönliche Wahrnehmung und Erlebnisweise mitzuteilen. Er hört ihnen aktiv zu und hilft ihnen, das zum Ausdruck zu bringen, was ihnen momentan emotional wichtig ist. Er präzisiert das Mitgeteilte. Eventuell zerlegt er das Problem in Einzelprobleme. Er fragt nach Ausnahmen vom Problem. Wenn dieser Kenntnisstand vorhanden ist, kann er einen Problemkonsens versuchen. Das heißt, dass sich alle darüber einig sind, worin das Problem besteht.

> *„Für die Konfliktbewältigung ist es ausschlaggebend, ob Konfliktparteien eine kooperative oder konkurrierende Einstellung besitzen."*
> *Karl Berkel*

Aufbauend auf dem Problemkonsens muss ein Änderungsziel (Zielkonsens) gefunden werden. Dieses definiert der Moderator gemeinsam mit den Konfliktbeteiligten. Es muss konkret, konsensfähig und realisierbar sein. In Anlehnung daran überlegen sich die Beteiligten, welcher Weg zum Ziel führen kann. Während dieser Lösungskonstruktion hält sich der Moderator zurück. Er unterstützt lediglich den Ideenfluss. Ziel der gemeinsamen Überlegungen ist der Lösungskonsens.

Konflikte sind nicht immer auf dem eben beschriebenen Weg lösbar. Wenn nötig, muss fair konfrontiert werden, um einer Person oder einer Gruppe Einsicht in ein Problemverhalten zu vermitteln. Dies kann in Kombination mit dem Instrument der Zuspitzung geschehen. Darunter ist die Frage zu verstehen: „Was passiert wohl, wenn der Konflikt so weitergeht?"

Manchmal sind Konflikte auch durch ganz sparsame Interventionstechniken lösbar. Überraschende Wirkungen kann beispielsweise das positive Konnotieren erzeugen. Dem Konflikt bzw. dem Problemverhalten wird eine positive Bedeutung zugeschrieben. So können die für einige Kollegen ärgerlichen „Widerstände" einiger „Bremser", die im Kontext von Schulentwicklungen häufig auftreten, so konnotiert werden, dass ihr Verhalten letztlich der Stressprävention dient. Würde das Vorhaben mit einem zu hohen Tempo und Aufwand durchgeführt, wären die Energien rasch verbraucht. Der abschließende Tenor der Intervention lautet: Veränderungs- und Widerstandskräfte müssen sich im Gleichgewicht befinden.

Bei allen Konfliktinterventionen muss sorgfältig geprüft werden, was der einzelnen Person und der Gruppe an Deutungen, Konfrontationen, Zuspitzungen und Aufgaben zugemutet werden kann. Aggressiv-konfrontative Lösungsstile sind fehl am Platz. Einfühlungsvermögen und Fingerspitzengefühl sind erforderlich!

Weiterführende Literatur
Redlich, A.: Konfliktmoderation. Hamburg 1997.
Thomann, C.: Klärungshilfe: Konflikte im Beruf. Reinbek bei Hamburg 1998.
Zuschlag, B./Thielke, W.: Konfliktsituationen im Alltag. Ein Leitfaden für den Umgang mit Konflikten in Beruf und Familie. Göttingen 1998[3]

Konflikt-Gesprächsleitfaden

1. Vorstellung des Moderators und der Beteiligten.
2. Klärung des Anlasses und des Zeitrahmens.
3. Grundsätzliches aus der Sicht des Moderators:
   - Konflikt heißt: Über ein Problem gibt es unterschiedliche Meinungen und Auffassungen.
   - Diese Moderation ist ein Versuch, den Konflikt gemeinsam zu lösen.
   - Der Erfolg hängt vom guten Willen aller Beteiligten ab.
   - Das vorrangige Ziel ist nicht die Klärung der Schuldfrage, sondern die Lösung des Konflikts.
   - Lösung heißt: Verringerung des Konflikts auf ein erträgliches Maß oder Konfliktbeseitigung.
   - Lösungsorientiertes Arbeiten setzt voraus, dass
     - wir fair miteinander umgehen und keine sprachlichen Fouls begehen,
     - wir dem anderen zuhören, wenn er spricht,
     - wir nur dann unterbrechen dürfen, wenn uns etwas sehr stört,
     - wir unsere Redebeiträge zeitlich eingrenzen bzw. uns kurz und klar ausdrücken,
     - wir selbst entscheiden, wann wir etwas sagen und was wir sagen.
4. Konfliktbeschreibung:
   - Jeder beschreibt den Konflikt aus seiner eigenen Sicht.
   - Der Moderator fasst die Beschreibungen zusammen.
   - Er versucht, zusammen mit den Beteiligten einen Wahrnehmungs- konsens zu definieren.
5. Zieldefinition:
   - Jeder teilt mit, was für ihn ein Ziel der Konfliktlösung sein sollte.
   - Der Moderator fasst die Wünsche zusammen.
   - Er bietet den Beteiligten eine gemeinsame Zieldefinition an.
6. Lösungskonstruktion:
   - Die Beteiligten entwickeln Lösungsideen.
   - Es werden gemeinsam die brauchbarsten Vorschläge ausgewählt.
   - Die Vorschläge werden zu einem Lösungsmodell gebündelt.
7. Zielvereinbarung und Erfolgskontrolle:
   - Die Beteiligten vereinbaren, das definierte Ziel auf dem gemeinsam entworfenen Lösungsweg zu erreichen.
   - Es wird geklärt, wer wann was tut.
   - Gleichzeitig wird beschlossen, zu einem späteren Zeitpunkt den Erfolg der Maßnahmen gemeinsam zu überprüfen.

20 Tipps für gute Konfliktlösegespräche

1. Wählen Sie einen ruhigen, möglichst entspannenden Gesprächsort.
2. Begrüßen Sie den Gesprächspartner freundlich und klären Sie den inhaltlichen und zeitlichen Rahmen.
3. Achten Sie Ihren Gesprächspartner ungeachtet seiner Probleme als Mensch.
4. Fühlen Sie sich in den Gesprächspartner ein. Versetzen Sie sich in seine Perspektive.
5. Sagen Sie nicht alles, was Ihnen auf der Zunge liegt. Seien Sie aber bei dem, was sie sagen, offen und ehrlich.
6. Nehmen Sie eine dem Partner zugewandte Körperhaltung ein (Blickkontakt!).
7. Sprechen Sie einfach, klar, anschaulich und langsam.
8. Hören Sie aufmerksam und verständnisvoll zu.
9. Führen Sie das Gespräch möglichst mit Hilfe von Fragen.
10. Fassen Sie die Gesprächsinhalte immer mal wieder kurz zusammen.
11. Achten Sie nicht nur auf das „Was" des vom Gesprächspartner Gesagten, sondern auch auf das „Wie" (Tonfall, Mimik, Gestik, Körperhaltung).
12. Helfen Sie dem Gesprächspartner, Gefühle zum Ausdruck zu bringen.
13. Verstärken Sie das Selbstwertgefühl des Gesprächspartners dort, wo es angebracht ist, durch Wertschätzung, Anerkennung und Ermutigung.
14. Äußern Sie Kritik sachlich und fair. Vermeiden Sie Botschaften („Killerphrasen"), die das Ehrgefühl des Gesprächspartners verletzen.
15. Fallen Sie dem Gesprächspartner nicht ins Wort. Unterbrechen Sie ihn dann, wenn Sie eine Verständnisfrage für angebracht halten oder wenn er zu monologisieren beginnt.
16. Vermitteln Sie nicht zu viele Informationen auf einmal. Halten Sie sich möglichst an die Eine-Minute-Regel.
17. Beteiligen Sie den Gesprächspartner aktiv an der Erarbeitung von Zielen und Lösungen.
18. Falls für den Gesprächserfolg nötig, vereinbaren Sie eine Erfolgskontrolle.
19. Fassen Sie die wesentlichen Gesprächsergebnisse zusammen.
20. Formulieren Sie einen motivierenden Schlusskommentar und verabschieden Sie den Gesprächspartner freundlich.

3.2 Konfliktlösende Konferenzen

Konflikte, die zwischen zwei Personen eines Kollegiums bestehen, eignen sich für Konfliktbehandlungen in einer „Arena" nicht. Hierzu sollte ein Gespräch stattfinden, das von einer Drittperson moderiert werden kann. Konflikte mit großer Reichweite, an denen eine Vielzahl von Kolleginnen und Kollegen beteiligt sind, können zum Thema einer Klassen- oder Gesamtlehrerkonferenz werden.

> *„Nicht jene, die streiten, sind zu fürchten, sondern jene, die ausweichen."*
> *Marie von Ebner-Eschenbach*

Beispielsweise ist es möglich, das Problem unterschiedlicher Grenzziehungen bei Disziplinstörungen zum Thema einer Konferenz zu machen. Nach der Beschreibung des Problems durch den Schulleiter oder durch einen Lehrer werden zunächst in einer Blitzlichtrunde Wahrnehmungen ausgetauscht. Am Ende wird eine Problembeschreibung definiert Anschließend findet eine gemeinsame Lösungskonstruktion statt. Das heißt, dass jedes Kollegiumsmitglied Lösungsideen in einer individuellen Brainstormingphase notiert. In kleinen Kollegien kann dies im Plenum geschehen, in großen in Kleingruppen. Falls letztere Variante gewählt wird, benennt die Gruppe am Beginn der Sitzung einen Moderator.

Die Lösungsideen werden im Rundgespräch ausgetauscht und besprochen. Abschließend wird das Gesprächsergebnis auf einem Poster festgehalten. Falls mit Moderationskarten gearbeitet wird, lassen sich die Ideen zu Vorschlägen gruppieren. Falls nicht, fasst ein Dokumentar, der am besten schon zeitgleich mit der Moderatorenwahl bestimmt wird, die Ideen auf dem Poster zusammen.

Der Kleingruppenarbeit folgt eine Präsentation im Plenum. Während dieser Phase dürfen nur Verständnisfragen gestellt werden. Nun muss der Moderator die Vorschläge auf einem Meta-Plakat zusammenfassen. Anschließend wird nochmals Gelegenheit zum gemeinsamen Reflektieren gegeben. Entweder durch Punktbewertung oder Abstimmung (jeder benennt den aus seiner Sicht wirksamsten Vorschlag) wird eine Auswahl der besten Lösung(en) vorgenommen.

Der Konflikt wird nur dann wirksam gelöst werden, wenn die Konferenzteilnehmerinnen und Konferenzteilnehmer eine gemeinsame Umsetzung vereinbaren, die zu einem späteren Zeitpunkt erfolgskontrolliert wird.

Konfliktkonferenz-Leitfaden

1. Klären, wer moderiert und wer dokumentiert.
2. Blitzlichtrunde/Wetterbericht.
3. Themen/Probleme sammeln. (Zuruffrage mit Visualisierung)
4. Priorisierung/Reihenfolge (z. B. mithilfe einer Punktbewertung).
5. Problembearbeitung/Sammlung von Lösungsideen.
6. Lösungskonsens, möglichst im Dialog (eventuell abschließend eine Punktbewertung).
7. Vereinbaren, wer was wann erledigt.
8. Zusammenfassung und Abschlussblitzlicht.

Weiterführende Literatur

Gäde, E.-G./Listing, S.: Sitzungen effektiv leiten und gestalten. Ein Arbeitsbuch für Leiterinnen und Leiter von Konferenzen und Besprechungen. Mainz 1996.
Nissen, P./Iden, U.: Kurskorrektur Schule. Hamburg 1995
Redlich, A.: Konfliktmoderation. Hamburg 1997.

3.3 Disziplinkonfliktlösungen

Unter Disziplinstörungen versteht man ein abweichendes Verhalten, das den Unterricht und das Schulleben mehr oder weniger stark beeinträchtigt. Sie können sich in den unterschiedlichsten Formen äußern: Schwätzen, Lärmen, verbale Entgleisungen, motorische Unruhe, Mitarbeitsverweigerung, Nichterledigung von Hausaufgaben, Sachbeschädigungen, Prügeleien. Eine objektive Definition ist nicht immer möglich, da in die Bewertung des Verhaltens auch subjektive Anteile der Lehrerin oder des Lehrers mit einfließen. Ein und dieselbe Äußerung (z. B. „Da blicke ich nicht durch") kann vom Lehrer X als dankbarer Hinweis zum nochmaligen Erklären, von der Lehrerin Y als unkontrolliertes Dreinreden aufgefasst werden. Dennoch

> *„Könnten wir die Störung als die Mitteilung des Schülers entschlüsseln, sprich verstehen, so könnten wir eine adäquate Antwort geben."*
> *Peter-Fritz Hallberg*

gibt es vor allem im Bereich der aggressiven Manifestationsformen eine ganze Reihe regelverletzender Verhaltensweisen, die eindeutig als Disziplinverstoß definiert werden können.

Die meisten Disziplinverstöße ereignen sich während des Unterrichts. Nach Untersuchungen von Tausch/Tausch (1998) werden Lehrer alle 2,6 Minuten mit einer Situation konfrontiert, die Anlass für eine disziplinierende Intervention sein könnte. Disziplinstörungen belasten das Befinden der Lehrerinnen und Lehrer sehr. In allen Lehrerstressstudien rangieren disziplinschwierige Schülerinnen und Schüler an der Spitze der beruflichen Belastungsfaktoren.

Disziplinstörungen liegt eine vielfältige Ursachenstruktur zu Grunde. Bei der schulpsychologischen Analyse treten immer wieder folgende Faktoren zutage:
- Entwicklungsprobleme: tief sitzende Persönlichkeitsstörungen, Pubertätsprobleme;
- Hirnfunktionsstörungen: Antriebsüberschuss, Hyperaktivität, extreme Reizbarkeit;
- aktuelle Familienprobleme: Ehekonflikt, Trennung, Scheidung;
- familiäre Erziehungsfehler: Verwöhnung, Verwahrlosung, Unterdrückung, Inkonsequenz;
- schulische Erziehungsfehler: mangelnde Grenzziehung, Inkonsequenz, Kränkung, Dissens;
- Unterrichtsfehler: schlechte Planung, zu wenig Formwechsel, zu wenig Spannung;
- gesellschaftliche Einflüsse: hektischer Lebensstil, Medienkonsum, mangelnder Wertkonsens.

Wird die Disziplin verletzt, reagiert die Schule darauf mit konventionellen Maßnahmen. Je nach Schweregrad und Problemdauer handelt es sich um:

Erziehungsmaßnahmen
Diese werden normalerweise bei kleineren Normverstößen angewandt. Beispiele sind die Ermahnung, die Warnung, der Tadel, die Wiedergutmachung, die Strafarbeit oder das Gespräch mit den Eltern.

Ordnungsmaßnahmen
Sie dienen der Sicherung des Bildungs- und Erziehungsauftrags, dem Schutz von Personen und Sachen sowie der Aufrechterhaltung der Hausordnung. In Frage kommen: Klassenbucheintrag, schriftlicher Verweis durch den Klassenlehrer, verschärfter Verweis durch die Schulleitung, Versetzung in eine Parallelklasse der gleichen Schule, Zuweisung an eine andere Schule, Ausschluss für einige Tage, Ausschluss für bis zu vier Wochen.

Kinder- und Jugendhilfe
Zeigen Erziehungs- und Ordnungsmaßnahmen keine Wirkung und gefährdet die Problemschülerin oder der Problemschüler den Unterricht sowie die sittliche Entwicklung der Mitschülerinnen und Mitschüler, müssen Maßnahmen der Kinder- und Jugendhife in Anspruch genommen werden.
Möglich sind:
◆ schulpsychologische Beratung,
◆ Erziehungsberatung,
◆ soziale Gruppenarbeit,
◆ Erziehungsbeistand,
◆ sozialpädagogische Erziehungshilfe,
◆ Erziehung in einer Tagesgruppe,
◆ Vollzeitpflege,
◆ Heimerziehung,
◆ intensive sozialpädagogische Einzelbetreuung.

Obwohl die Schule bei der Erfüllung ihres gesetzlichen Auftrags auf solche Maßnahmen nicht verzichten kann, reichen sie allein nicht aus. Hinzu kommen muss ein Repertoire, mit dessen Hilfe Lehrerinnen und Lehrer in Konfliktsituationen flexibel reagieren können (Molnar/Lindquist 1997, Hennig/Keller 2000).
Die wichtigsten situativen Reaktionsmöglichkeiten werden nun synoptisch dargestellt. Es sind keine Patentrezepte. Bei einem Schüler nützen sie, beim anderen nicht. Je mehr solcher Strategien sich aber im Repertoire einer Lehrperson befinden, desto flexibler kann sie in Störsituationen reagieren.

Ignorieren
Es wirkt nur bei leichten Normverstößen und nur dann, wenn der Störer von der Klasse nicht verstärkt wird. Möglich ist es auch, die Störung zu ignorieren und den Störer später für ein Positivverhalten zu loben.

Appellieren
Je präziser und konkreter ein Appell formuliert wird, desto wirksamer ist er. Im Appell muss das Zielverhalten verdeutlicht werden. Außerdem sollte man den sprachlichen Appell durch körpersprachliche Signale verdeutlichen:
◆ Stimme: Heben oder Senken der Stimme, plötzliches Schweigen;
◆ Blick: mit den Störern Blickkontakt aufnehmen;
◆ Mimik: ernstes Gesicht;

◆ Gestik: mit hochgehaltener Hand um Ruhe bitten;
◆ Körperdistanz: auf den Unruheherd zugehen;
◆ Körperstellung: sich der Klasse mit dem ganzen Körper zeigen.

Grenzziehung I (Warnung, Tadel)

Viele Schülerinnen und Schüler haben ein unfertiges, außengesteuertes Regelbewusstsein. Deshalb brauchen sie Warnsignale und kritische Rückmeldungen. Im ersten Stadium einer Störung kann die Grenzziehung noch mit einem Verständnis für das Fehlverhalten gekoppelt sein, im zweiten sollte eine Konsequenz angedroht werden.

Grenzziehung II (Strafe)

Bei wiederholten oder gravierenden Normverletzungen kommt man um eine Strafe nicht herum (s. o.). Sie sollte dem Fehlverhalten möglichst unmittelbar folgen, ihm angemessen sein, eine Begründung enthalten und das Ehrgefühl des Schülers nicht verletzen.

Ich-Botschaft (Lehrperson ist der Problembesitzer)

Statt zu appellieren und zu strafen, kann man auch die eigene emotionale Betroffenheit zum Ausdruck bringen: „Deine Unpünktlichkeit ärgert mich."

Aktives Zuhören (Schüler ist der Problembesitzer)

Die Lehrperson hört das emotional Wichtige aus einem Fehlverhalten heraus und bringt es sprachlich zum Ausdruck: „Dir fällt es heute schwer, aufzupassen."

Ermutigen

Dem Problemschüler wird das Gefühl vermittelt, dass man trotz seiner Schwierigkeiten an seine Besserung glaubt: „Wie kann ich dir helfen?"

Deuten

Die unbewussten Ziele, die hinter dem Fehlverhalten stecken, werden dem Schüler verdeutlicht: „Kann es sein, dass du mir eins auswischen wolltest?"

Umdeuten

Verhaltensprobleme können ertragbarer werden, wenn man sie in einen neuen Bezugsrahmen stellt: „Die Schülerin, die immer dreinredet, scheint an meinem Unterricht sehr interessiert zu sein."

Positive Motivzuschreibung

Einem Fehlverhalten wird der Wind aus den Segeln genommen, indem man ihm ein positives Motiv unterstellt: „Ihr habt euch zum Streiten gern."

Positive Funktion erkennen

Ein Negativverhalten wird zu einem wichtigen Änderungssignal: „Sobald sich Unruhe ausbreitet, ändere ich die Unterrichtsform."

Durch die Hintertür stürmen

Ein Problemschüler wird für ein Positivverhalten vor der ganzen Klasse gelobt, was die Beziehung zu ihm stark verändern und seinem Negativverhalten Störungsenergien entziehen kann.

Schweizer-Käse-Prinzip

Man starrt nicht auf das, was problematisch an einem Kind ist (die Löcher), sondern sucht gezielt nach Ausnahmen (den Käse drumherum).

Änderungsehrgeiz anstacheln

Man fragt den Problemschüler, ob er sich eine Änderung zutraut, wobei das Änderungsziel bewusst bescheiden definiert wird: „Schaffst du es, während einer Stunde pro Woche unauffällig zu bleiben?"

Symptomverschreibung

Man fordert den Problemschüler auf, das Fehlverhalten fortzusetzen, jedoch in abgewandelter Form: „Du darfst bei mir schwätzen, jedoch nur in den ersten fünf Minuten."

Wenn solche situativen Strategien nicht zum Erfolg führen, muss eine Klassenkonferenz sich mit dem Problem befassen. Becker (1995) hat für solche kooperativen Konfliktlösungen einen praktischen Leitfaden entwickelt, der typische Lösungsfehler vermeiden hilft. Er umfasst folgende Lösungsstufen (vom Autor modifiziert):

1. Konfliktbeschreibung: Worum geht es? Wer ist am Konflikt beteiligt? Wie lange gibt es den Konflikt schon?
2. Betroffenheit einschätzen: Handelt es sich um einen Schein-, Rand-, Zentral- oder Extremkonflikt?
3. Erstverhalten überlegen: Muss sofort gehandelt werden? Kann der Konflikt durch eine Spontanreaktion begrenzt oder gar schon gelöst werden? Wie lange kann die Lösung aufgeschoben werden?
4. Weiterführende Aufklärung: Was ist wirklich vorgefallen? Wie sehen die Einzelheiten aus? Handelt es sich vielleicht nur um Vermutungen?
5. Ein Ursachenmodell entwerfen: Wie könnte der Konflikt entstanden sein? Wer hat welchen Beitrag zur Konfliktentstehung geleistet?
6. Zusatzinformationen beschaffen: Prüfung der Hypothesen durch Befragung von Eltern, Schülern, Lehrern, psychosozialen Diensten u. a.
7. Perspektive wechseln: Wie sieht der Konflikt aus der Sicht der unterschiedlichen Konfliktpartner aus?
8. Zielsetzung klären: Welche Ziele können aufgrund der Ursachenanalyse gesetzt werden? Welche lassen sich kurzfristig und welche eher mittel- und langfristig lösen? Sind die Zielsetzungen realistisch?
9. Lösungsmöglichkeiten suchen: Wie können die gesetzten Ziele erreicht werden? Ein Brainstorming durchführen und alle Lösungsmöglichkeiten aufschreiben.
10. Lösungsmöglichkeiten bewerten: Welche Möglichkeiten sind umsetzbar? Warum? Warum nicht?
11. Handlungsfolge entwerfen: Wer tut wann was?
12. Schlussbilanz: Ist der Konflikt gelöst? Welche Ziele sind erreicht? Welche nicht? Wie fühlen sich die Konfliktpartner?

Nicht alle Schulkonflikte lassen sich so systematisch lösen. Denn manchmal ist ein Handlungsaufschub nicht möglich. Dort aber, wo Konflikte entsprechend diesem Leitfaden angegangen werden können, wird die Lösung dem Problem sicher gerechter und für die Gefühle der Betroffenen verträglicher.

Schließlich bietet sich auch die Möglichkeit an, allein nicht lösbare Disziplinkonflikte in eine Supervisions- oder Fallbesprechungsgruppe einzubringen und dort lösungsförderliche Anregungen und Hilfen zu erhalten. Es gibt zum einen regionale und schulinterne Supervisionsgruppen, die von externen Spezialisten (z. B. Schulpsychologen) betreut werden. Und zum anderen kommt es auch immer wieder vor, dass Lehrerinnen und Lehrer sich zu selbstorganisierten Gruppen zusammenschließen, in denen die Supervision selbsthelfend ohne Supervisor abläuft (s. Ehinger/Hennig 1997).

Eine Supervisionsgruppe umfasst ca. zehn Teilnehmerinnen und Teilnehmer, trifft sich durchschnittlich einmal pro Monat und ist prinzipiell freiwillig. Eine Supervisionssitzung läuft gewöhnlich in festen Phasen ab. Sie beginnt mit dem Fallbericht. Die vortragende Lehrperson beschreibt zum Beispiel ein Disziplinproblem mit einem Schüler. Während ihres Berichts hören die Gruppenmitglieder aufmerksam zu. Danach findet eine Feedbackrunde statt, in der die übrigen Teilnehmer ausdrücken, was der Fall in ihnen ausgelöst hat und was sie äußerlich am Berichtenden beobachtet haben. Auf der Grundlage des dargebotenen Materials wird der Fall gemeinsam durchgearbeitet, mit dem Ziel, ein Erklärungsmodell zu finden. Hat sich dieses herauskristallisiert, geht es darum, Lösungsstrategien zu entwickeln. Diese können darin bestehen, dass die berichtende Lehrperson sich vornehmen soll, die eigenen Gefühle in der Konfliktsituation direkter auszusprechen, den Problemschüler anders wahrzunehmen und wirksamer auf seine Provokationen zu reagieren. Manche Änderungsstrategie kann im Rollenspiel erprobt werden. Am Ende der Sitzung nimmt die berichtende Lehrperson zu dem Erklärungsmodell und zu den Lösungsvorschlägen Stellung. Was sie in die Praxis umsetzt, bleibt ihr überlassen. Ob die Bewusstmachung des persönlichen Anteils am Problem und die Änderungsstrategien sie weitergebracht haben, ist eine Frage, auf die sie in einer der nächsten Sitzungen antwortet. Während der Sitzung verhält sich die Supervisionsleitung großenteils moderierend und reflektierend. In stärkerem Maße interveniert sie nur dann, wenn gravierende gruppendynamische Konflikte auftreten oder der Problemlösungsprozess blockiert ist.

Fallbesprechungsleitfaden

1. Ein Gruppenmitglied berichtet über einen schwierigen Fall.
2. Die Gruppe kann zum Verständnis des Gehörten Fragen stellen.
3. Die Gruppenmitglieder können ihre Wahrnehmungen und Gefühle wiedergeben.
4. Hypothesenbildung: Welche Ursachen kommen in Betracht?
5. Lösungsentwurf: Durch welche Maßnahmen kann das Störverhalten abgebaut werden?
6. Der Berichterstatter gibt Feedback:
   - Was ist mir klar geworden?
   - Was blieb unklar?
   - Was will ich umsetzen?

Reaktionsmöglichkeiten bei Aggression und Gewalt

- klassische Strafen (Verweis, Sofortausschluss, zeitweiliger Ausschluss, dauernder Ausschluss);
- Täter-Opfer-Ausgleich:
  - seelische Wiedergutmachung: Entschuldigung (Hand geben – in die Augen schauen);
  - materielle Wiedergutmachung: Begleichung von Schäden;
- Entzug von Annehmlichkeiten, Privilegien;
- Besinnungsaufgaben („Entschuldigungsbrief");
- Ordnungsdienste/Schuldienste;
- dem Täter die seelischen Folgen seines Tuns verdeutlichen;
- separates Gespräch (möglichst Lehrertandem), unmissverständliche Botschaft: „Wir dulden keine Gewalt", nach den Gründen fragen, Opferperspektive einnehmen lassen, Zielvereinbarung/Verhaltensvertrag (möglichst schriftlich mit Unterschrift) mit Erfolgskontrolle;
- Täter-Opfer-Gespräch: Gefühle des Opfers dem Täter verdeutlichen, seelische oder materielle Wiedergutmachung;
- Elterngespräch: Erziehungsverantwortung der Eltern konsequent einfordern, Eltern in die Lösungskonstruktion aktiv einbinden, eventuell Kontrakt abschließen;
- öffentliche Bekanntmachung und Ächtung gravierender Vorfälle (Schulversammlung), Betroffenheit kundtun, Folgen verdeutlichen, grenzziehende Botschaft;
- keine Scheu vor Anzeige und Einschaltung der Polizei oder anderer externer Instanzen der Sozialkontrolle bei schweren Delikten.

Weiterführende Literatur
Becker, G. E.: Lehrer lösen Konflikte. Ein Studien- und Übungsbuch. Weinheim und Basel 1997[8]
Ehinger, W./Hennig, C.: Praxis der Lehrersupervision. Leitfaden für Lehrergruppen mit und ohne Supervisor. Weinheim und Basel 1997[2]
Hennig, C./Keller, G.: Lehrer lösen Schulprobleme. Lernförderung, Verhaltenssteuerung, Gesprächsführung. Donauwörth 2000[3]
Molnar, A./Lindquist, B.: Verhaltensprobleme in der Schule. Dortmund 1997[5]
Winkel, R.: Der gestörte Unterricht. Bochum 1996[6]

3.4 Schüler-Streit-Schlichtung

Am Sozialverhalten der Schülerinnen und Schüler ist in den letzten Jahren massiv Kritik geübt worden. Als zentrales Symptom schälte sich ihr aggressiver und gewalttätiger Umgang heraus. Das Spektrum der beobachteten Aggressions- und Gewaltformen reicht von körperlichen Attacken bis zu Ehrverletzungen. Was die Begriffe Aggression und Gewalt betrifft, schlage ich vor, sie nicht synonym zu gebrauchen. Von Gewalt sollten wir nur bei schweren körperlichen Aggressionen sprechen.

„Mediation ist eine Lebenskunst."
Nina L. Dulabaum

Aggression und Gewalt hat es in allen Epochen der Schulgeschichte gegeben. Dies habe ich in meiner schulgeschichtlichen Studie „Das Klagelied vom schlechten Schüler" aufgezeigt und nachgewiesen (Keller 1989). Die Frage ist, ob die jetzige Schülergeneration dieses Fehlverhalten in stärkerem Maße aufweist als die vergangenen. Aufgrund mancher Medienberichte bekommt man den Eindruck, dass das Schülerverhalten massenweise verroht. Ernsthafte empirische Erhebungen (z. B. Schwind 1995, Schubarth u. a. 1996, Busch/Todt 1998) bestätigen die Hypothese von der epidemischen Verbreitung nicht. Auf der Basis der verschiedenen Untersuchungsdaten kann davon ausgegangen werden, dass ca. 10 % der Schülerinnen und Schüler besonders aggressiv sind und dieses Potenzial in unterschiedlichen Formen zum Ausdruck bringen. Brennpunkte von Aggression und Gewalt sind Haupt- und Sonderschulen sowie Berufsvorbereitungsklassen. Aus der weiteren Analyse geht hervor, dass

- die psychisch-verbalen Erscheinungsformen das Verhaltensbild dominieren, also nicht die im Vordergrund der Medien stehenden physischen Extremformen,
- die Problemspitze in der Altersgruppe der 13- bis 15-Jährigen liegt,
- Jungen aggressiver und gewalttätiger sind als Mädchen,
- Aggression und Gewalt sich in großstädtischen Regionen häufiger ereignen.

Ein Teil der Schüleraggressionen ist so gravierend, dass grenzziehende Sanktionen vorgenommen werden müssen. Das heißt konkret:

- Sofortausschluss bei Gefahr für die anderen,
- Einschaltung externer Instanzen bei schweren Straftaten,

Bei vielen Streitigkeiten ist es auch möglich, den Streit ohne Lehrer schlichten zu lassen. Seit den achtziger Jahren gibt es ein Modell, das in den USA entwickelt und erprobt worden ist. Man nennt es Schüler-Streit-Schlichtung (s. Jefferys/Noack 1995, Faller 1996). Ihm liegt die Annahme zugrunde, dass Schülerinnen und Schüler Konflikte selbst analysieren und lösen können. Hierzu werden interessierte Schülerinnen und Schüler speziell ausgebildet. Sie erfahren, wie Konflikte entstehen und welche Wirkungen sie hervorrufen. Sie üben das Erkennen und Benennen von Gefühlen. Sie lernen entsprechende Gesprächsfertigkeiten wie das aktive Zuhören, das Spiegeln und Rückmelden. Und sie werden zur Moderation einer Schlichtungssitzung befähigt.

Schülerinnen und Schüler, die miteinander einen Konflikt haben, kommen freiwillig zum Streitschlichter. Häufig gibt es hierfür ein Beratungszimmer. Der Streit-schlichter verpflichtet sich, alle Informationen vertraulich zu behandeln. Ziel der Streitschlichtung ist eine Lösung, die beide Konfliktparteien akzeptieren. Wichtige Leitfragen für ein Lösungsgespräch sind:

- Was ist vorgefallen?
- Wie kam es dazu?
- Welche Gefühle hat der Konflikt bei euch ausgelöst?
- Wie können wir den Konflikt lösen?
- Worauf können wir uns einigen?
- Wann kontrollieren wir den Erfolg?

Der Schlichter trägt die Einigung in ein Schlichtungsformular (s. S. 30) ein. Danach liest er jeden Satz nochmals vor. In diesem Stadium können die Parteien Veränderungen und Ergänzungen vornehmen lassen. Ist diese Prozedur vorbei, wird das Formular von beiden Parteien unterschrieben. Jede erhält eine Kopie.

Bei sehr schwierigen Konflikten ist auch eine Schlichtung durch ein Lehrer-Schüler-Tandem möglich. Beispielsweise kann diesen Part der Vertrauenslehrer oder der Klassenlehrer übernehmen.

Egal, nach welchem Modell gearbeitet wird, zu einem späteren Zeitpunkt sollten sich alle Beteiligten erneut zusammensetzen und ehrlich bilanzieren, ob die Zielvereinbarungen tatsächlich umgesetzt worden sind. Möglicherweise muss eine weitere Problemlösung in Angriff genommen werden.

Weiterführende Literatur

Bründel, H./Amhoff, B./Deister, C.: Schlichter-Schulung in der Schule. Eine Praxisanleitung für den Unterricht. Dortmund 1999.

Faller, K./Kerntke, W./Wackmann, M.: Konflikte selber lösen. Mediation für Schule und Jugendarbeit. Mülheim 1996.

Jefferys, K./Noack, U.: Streiten, Vermitteln, Lösen. Das Schüler-Streit-Schlichter-Programm für die Klassen 5 bis 10. Lichtenau 1995.

Jefferys-Duden, K.: Das Streitschlichterprogramm. Mediatorenausbildung für Schülerinnen und Schüler der Klassen 3–6. Weinheim und Basel 1999.

Schlichtungsformular

Konfliktpartei A: Name .... Vorname ....

Klasse ....

Konfliktpartei B: Name .... Vorname ....

Klasse ....

Schlichtungstermin: ....

Schlichtungsort: ....

Anlass des Streits:
(Worum ging es?)

Lösung:

Wir nehmen den Lösungsvorschlag an:

....
Konfliktpartei A   Konfliktpartei B   Schlichterin/Schlichter

3.5 Bewältigung von Arbeitsplatz-Mobbing

Der Begriff „Mobbing" stammt aus dem Englischen. Dort versteht man unter to mob „über jemanden herfallen, jemanden anpöbeln, angreifen, attackieren". Arbeitspsychologisch und arbeitsmedizinisch bedeutet Mobbing, dass Kolleginnen und Kollegen am Arbeitsplatz schikanös behandelt werden bzw. systematischem Psychoterror ausgesetzt sind. Mobbing verletzt das Grundrecht des Menschen auf persönliche Integrität. Es ist also nicht nur eine seelische, sondern auch eine rechtliche Verletzung.

> *„Die Würde des Menschen ist unantastbar und unabhängig von Erfolg oder Misserfolg."*
> *Richard von Weizsäcker*

Mobbing ereignet sich nicht einmalig, sondern erstreckt sich über einen längeren Zeitraum. Mobbing kommt sowohl unter Kolleginnen und Kollegen vor als auch zwischen Vorgesetzten und Untergebenen. Aus genaueren Mobbing-Analysen (s. Kistner 1997) geht hervor, dass am Mobbing im Einzelnen aktiv beteiligt sind:

* zu 44 % Kolleginnen und Kollegen,
* zu 37 % Vorgesetzte,
* zu 10 % Kolleginnen und Kollegen sowie Vorgesetzte gemeinsam,
* zu 9 % Untergebene.

Das Erscheinungsbild von Mobbing ist vielfältig. Der Mobbing-Forscher Leymann (1995) hat 45 Handlungen ermittelt, die immer wieder zu beobachten sind.

Die einzelnen Mobbing-Handlungen gehören fünf zentralen Bereichen an:

* Angriffe auf die Möglichkeit, sich mitzuteilen (z. B. jemand wird ständig unterbrochen);
* Angriffe auf die sozialen Beziehungen (z. B. man spricht nicht mehr mit dem Gemobbten);
* Angriffe auf das soziale Ansehen (z. B. über jemanden werden Gerüchte verbreitet);
* Angriffe auf die Qualität der Berufs- und Lebenssituation (z. B. jemand muss Aufgaben unter seinem Fähigkeitsniveau erledigen);
* Angriffe auf die Gesundheit (z. B. jemand wird zu gesundheitsschädlichen Arbeiten gezwungen).

Unter den Mobbing-Opfern sind sowohl Männer als auch Frauen. Besonders mobbinggefährdet sind Berufsanfänger und Arbeitsplatzwechsler. Nach Zapf/Warth (1997) ist davon auszugehen, dass es in Deutschland zwischen 300 000 und 1 000 000 Mobbing-Opfern gibt.

Mobbing ist ein Prozess, der immer mehr eskaliert. Er vollzieht sich, so die Erkenntnisse von Leymann (1995), in folgenden Phasen:

Phase 1: Es kommt zu einzelnen Attacken (Unverschämtheiten, Gemeinheiten).

Phase 2: Die betroffene Person wird systematisch und regelmäßig angegriffen. Sie gerät in eine schwache Position. Und sie zeigt erste psychosomatische Reaktionen.

Phase 3: Die Rolle des Opfers verfestigt sich. Es ist hilflos, verfällt zwischenzeitlich in aggressive Gegenreaktionen. Die psychische Problematik verschärft sich. Die Fehlzeiten nehmen zu.

Phase 4: Der Konflikt verschärft sich in einem für die betroffene Person unerträglichen Maße. Sie ist der Situation nicht mehr gewachsen. Manche Betroffene neigen jetzt zu unkontrollierten Reaktionen. Der Arbeitgeber versucht die Situation mit unterschiedlichen Maßnahmen zu lösen (z. B. Machteingriffe, Versetzung, Aufforderung zur Inanspruchnahme psychotherapeutischer Hilfe).

Die Mobbing-Forschung hat sich auch mit der Frage beschäftigt, warum der Mensch seinen Mitmenschen mobbt. Folgende Motive haben sich dabei herauskristallisiert:

Mobbing durch Vorgesetzte:
- Fehlverständnis von Führungsverhalten (Nur wer hart führt, ist ein effizienter Führer),
- Verhalten des Gemobbten (z. B. Schlampigkeit, Fehler),
- Kaschierung eigener Schwächen,
- Abbau von Frustrationen,
- Kompensation von Ängsten (z. B. Angst vor Machtverlust).

Mobbing unter Kolleginnen und Kollegen
- Konkurrenz,
- persönliche Antipathien,
- Verhalten des Gemobbten (z. B. Schlampigkeit, Fehler),
- Abbau von Frustrationen,
- Stabilisierung der Gruppenharmonie durch Sündenbock.

Mobbing am Arbeitsplatz zeigt Folgen im Körper und in der Psyche des Gemobbten sowie in seinem sozialen Umfeld. Und es wirkt sich auch wirtschaftlich negativ aus. An Mobbing-Folgen seien genannt:
- psychosomatische Störungen: Migräne, Schlafstörungen, Herz- und Kreislaufprobleme, Magen- und Gallenbeschwerden, Erschöpfungszustände;
- psychische Probleme: Konzentrations- und Gedächtnisschwierigkeiten, Selbstzweifel, Depressionen, Suizidgedanken, paranoide Gedanken, Hypersensibilität, Gereiztheit, Angstzustände, Angstträume;
- Sucht: Alkoholismus, Nikotinabhängigkeit, Medikamentenabhängigkeit;
- Beeinträchtigung des Privatlebens: Partner- und Eheprobleme, Verschlechterung des Familienklimas, Schulversagen der Kinder, Rückzug aus dem Freundes- und Bekanntenkreis;
- Betriebliche Probleme: Beeinträchtigung des Betriebsklimas, Kreativitäts- und Produktivitätsverluste, erhöhte Fehlzeiten;
- gesamtwirtschaftliche Probleme: Ansteigen der Renten- und Krankenversicherungsbeiträge wegen zunehmender Frühverrentungen und medizinischer Behandlungskosten.

Für die Prävention und Bewältigung von Mobbing-Problemen gibt es am Arbeitsplatz verschiedene Handlungsmöglichkeiten:

◆ Die gemobbte Person bittet die Vorgesetzten um Schutz und Fürsorge.

◆ Die gemobbte Person konsultiert den Personalrat und lässt sich informieren, beraten und unterstützen.

◆ Die gemobbte Person wendet sich im Falle gravierender Normverletzungen (z. B. Nötigung, Körperverletzung) mit Hilfe des Rechtsanwalts an die Strafverfolgungsbehörde.

◆ Mit Hilfe des Personalrats findet eine Konfliktschlichtung statt, die aus gemeinsamer Konfliktanalyse, Lösungskonstruktion, Zielvereinbarung und Erfolgskontrolle besteht.

◆ Aufgrund sich häufender Mobbingfälle beginnt die Schule eine Kommunikationsentwicklung (s. Kap. 4.3), die von einem externen Moderator / Moderatorenteam begleitet wird. Aufbauend auf einer Stärken-Schwächen-Analyse werden Maßnahmen zur Verbesserung der täglichen Kommunikation und Kooperation entwickelt und vereinbart.

◆ Steht die betroffene Person unter starkem psychischen Leidensdruck, der durch innerbetriebliche Maßnahmen momentan nicht reduziert werden kann, sollte eine therapeutische Fachperson oder Facheinrichtung konsultiert werden. Im Rahmen einer Therapie können die Wahrnehmungen, Einstellungen und Reaktionsweisen überprüft und verändert werden.

Mediation bei Arbeitsplatz-Mobbing

Unter Mediation versteht man ein Vermittlungsverfahren, bei dem Konfliktparteien mit Hilfe einer neutralen Person eine Lösung für ein Problem suchen. Diese informelle und außergerichtliche Form der Konfliktlösung ist schon in der Antike angewandt worden. Es gibt heutzutage immer noch Kulturkreise (z. B. China), in denen Streitigkeiten wesentlich häufiger außergerichtlich als gerichtlich gelöst werden. Ende der siebziger Jahre entstand in den USA und Westeuropa eine neue Meditationsbewegung. Zunächst wurde sie bei der Regelung von Scheidungs- und Familienkonflikten aktiv. Inzwischen wird Mediation auch in anderen Konfliktfeldern praktiziert (z. B. Schulmediation, Umweltmediation).

Ein Mediationsverfahren ist nur dann sinnvoll, wenn die Konfliktparteien daran freiwillig teilnehmen und dazu bereit sind, in der Zukunft wieder friedlich miteinander umzugehen. Wenn diese Grundvoraussetzungen gegeben sind, kann eine Vermittlung gewagt werden. Hierzu ist eine Person vonnöten, die das Vermittlungsgespräch leitet. Die Mediatorin oder der Mediator ist überparteilich und sieht die Hauptaufgabe darin, eine konstruktive Kommunikation und einen Kompromiss zu ermöglichen.

Bevor die Konfliktbearbeitung beginnt, müssen sich die Konfliktparteien zur Einhaltung kommunikativer Grundregeln verpflichten. Dies bedeutet vor allem, dass man sich gegenseitig zuhört, sachlich bleibt und den anderen ungeachtet des Konflikts als Menschen achtet. Auf dieser Gesprächsgrundlage findet zunächst eine Konfliktklärung statt. Die Betroffenen beschreiben aus ihrer Sicht die Entstehung und den Stand des Konflikts. Hierzu stellt der Mediator immer wieder Verständnisfragen und spiegelt Beobachtungen zurück. Der Mediator fasst die Konfliktbeschreibungen zusammen und integriert sie in eine Definition, der beide Parteien zustimmen müssen. Ist dieser Konfliktkonsens gefunden, wird gemeinsam ein Mediationsziel erarbeitet. Für die Zielerreichung werden anschließend Lösungsideen entwickelt und ausgetauscht. Zunächst gilt die bewährte Brainstorming-Regel, die Ideen noch nicht zu kritisieren. Erst wenn ein Ideenvorrat vorhanden ist, findet eine kritische Bewertung statt. Haben die Konfliktparteien ein realisierbares Lösungsmodell gefunden, wird eine Vereinbarung getroffen. Dabei wird auch geklärt, wer was konkret tun muss.

Ist diese schwierige Wegstrecke bewältigt, sollte eine Erfolgskontrolle terminiert werden. Das heißt, dass der Mediator und die Konfliktparteien übereinkommen, zu einem späteren Zeitpunkt gemeinsam zu prüfen, ob der Konflikt tatsächlich gelöst worden ist.

Aus Befragungen geht hervor, dass die Mehrzahl der Mediationen positive Effekte zeitigt. Rund 75 % der Konfliktparteien sind mit der Mediation zufrieden. Betont wird dabei, dass durch die intensive Konfliktbearbeitung negative Gefühle vermieden werden, die nach rechtlichen Entscheidungen den Betroffenen das Kommunizieren und Zusammenarbeiten häufig erschweren oder gar unmöglich machen.

Adressen für Betroffene und für Betriebsräte/Personalräte
NAKOS Nationale Kontaktstelle für Selbsthilfegruppen
Albert-Achilles-Straße 65, 10709 Berlin-Wilmersdorf
Tel.: 030/8 91 40 19

Beratungstelefon der Arbeitsgemeinschaft „No Mobbing"
Tel: 040/20 23 02 09; für Betroffene 040/34 91 55 73

Mobbing-Zentrale e. V.
Fersenweg 553, 21037 Hamburg
Tel: 040/79 31 96 93

Weiterführende Literatur
Dulabaum, N. L.: Mediation: Das ABC. Die Kunst, in Konflikten erfolgreich zu vermitteln. Weinheim und Basel 1998.
Kasper, H.: Mobbing in der Schule. Probleme annehmen, Konflikte lösen. Weinheim und Basel 1998[2]
Leymann, H. (Hrsg.): Der neue Mobbing-Bericht. Erfahrungen und Initiativen, Auswege und Hilfsangebote. Reinbek bei Hamburg 1995.
Resch, M: Wenn Arbeit krank macht. Frankfurt am Main und Berlin 1994.
Zuschlag, B.: Mobbing: Schikane am Arbeitsplatz. Göttingen 1994.

Sieben-Schritte-Mediation (nach Dulabaum 1998)

Vorarbeit (ABC)
- Es wird eine positive Atmosphäre geschaffen.
- Es werden Beziehungen aufgebaut.
- Es wird Mut zur Problembearbeitung erzeugt.

Aufbau einer konstruktiven Kommunikation
- Der Ablauf des Mediationsverfahrens wird erklärt.
- Die Rolle des Mediators wird geklärt (allparteilich, lösungsorientiert, strukturierend).
- Regeln werden erläutert: Respekt, Toleranz, Freiwilligkeit, Mitwirkung, Vertraulichkeit, Offenheit, Zuhörbereitschaft, Fairness, Zeitrahmen.

Definieren und Diskutieren
- Der Mediator nennt das Problem aus seiner Sicht.
- Die Betroffenen legen ihre Problemsicht dar: Was ist vorgefallen? Wie ging es mir dabei?
- Der Mediator stellt Verständnisfragen.
- Es werden die Perspektiven gewechselt: Jede Partei fasst den Konflikt aus der Sicht des anderen zusammen.

Zusammenfassen – Nachfragen
- Der Mediator fasst die Problembeschreibungen der Beteiligten zusammen.
- Er integriert sie in eine gemeinsame Problemdefinition, die von allen geteilt werden sollte.

Ideensammlung
- Die Konfliktparteien überlegen sich in einer Stillarbeitsphase Lösungsideen und teilen sie anschließend mit.
- Die Ideen dürfen zunächst nicht kritisiert werden.

Einverstanden? – Ausprobieren!
- Die Konfliktparteien bewerten die Lösungsideen und einigen sich auf ein realisierbares Modell.
- Es wird geklärt, wer wann was davon umsetzt.

Erfolgskontrolle
- Zu einem späteren Zeitpunkt wird überprüft, ob das Lösungsmodell umgesetzt und der Konflikt gelöst worden sind.
- Möglicherweise muss die Mediation fortgesetzt werden.

4. Konfliktvorbeugung

„Vorbeugen ist besser als Heilen. Was der Medizin recht ist, müsste der Pädagogik billig sein."
Wolfgang Memmert

Viele Schulkonflikte könnten vermieden werden, wenn man gezielt und bewusst vorbeugen würde. Aus dem Blickwinkel der Schulberatung bieten sich vielfältige Ansatzpunkte präventiver Arbeit:

- gutes Führungsverhalten,
- teilnehmerzentrierte Konferenz- und Gesprächskultur,
- Klima warmherziger und achtsamer Kommunikation,
- Abbau des Einzelkämpfertums durch Teamentwicklung,
- systematische Förderung des Sozialverhaltens,
- intensive Kooperation mit dem Elternhaus,
- gemeinsame Entwicklung eines Schulkodexes,
- vertrauensvolle Zusammenarbeit mit dem Elternhaus,
- regelmäßige Evaluation der pädagogischen Arbeit,
- gemeinsame und kontinuierliche Schulentwicklung.

Im Folgenden werden präventive Bausteine vorgestellt, die sich in der praktischen Schularbeit tatsächlich als konfliktreduzierend erwiesen haben.

4.1 Gute Schulleitung

Die Schulleitung ist eine Person, die mit der Aufgabe betraut ist, die Schule zu leiten. Aus schulrechtlicher Sicht hat sie die Verantwortung für die Erziehungs- und Unterrichtsarbeit, für den sachgemäßen Vollzug der Rechts- und Verwaltungsvorschriften und der Konferenzbeschlüsse sowie den organisatorischen Ablauf des Schulbetriebs. Für die Lehrerinnen und Lehrer ist sie Vorgesetzte mit Weisungsrecht.

„Ein Führer, das ist einer, der die anderen unendlich nötig hat."
Antoine de Saint-Exupéry

Für den Schulträger, das Kollegium, die Eltern und die Schülerschaft ist sie verantwortlicher Ansprechpartner. Und sie repräsentiert die Schule nach außen. Kurz und gut: Sie leitet die Schule organisatorisch und pädagogisch. Diese nicht leichte und komplexe Tätigkeit bewegt sich zwischen den Polen des Verwaltens und Gestaltens. Je nachdem, wie Schulleiterinnen und Schulleiter ihre Rolle verstehen und ausüben, können sie Konflikte verhindern, aber auch schaffen. Wenn eine Leitungsperson nur normativ denkt, Grenzen eng zieht, kaltherzig und aggressiv kommuniziert, wenig lobt und anerkennt, Informationen monopolisiert und zum Zweck des Machterhalts oder der Machtausdehnung paktiert, sind Konflikte unweigerlich die Folge. Ebenso konflikterzeugend ist ein Laisser-faire-Stil. Von diesem kann gesprochen werden, wenn die Leitungsperson keinen Wert auf Zielklarheit legt, Konflikte scheut, es allen recht machen möchte oder schlecht organisiert.

Viele dieser Fehler könnten zum einen durch eine professionelle Personalauswahl und durch systematisches Führungstraining vorbeugend verhindert werden. Hier deuten sich positive Entwicklungen an. Zum anderen kann die Schulleitung durch ein gutes Führungsverhalten im Schulalltag Konfliktprävention betreiben. Wichtige Merkmale der guten Schulleitung sind:

- freundlicher Kommunikationsstil,
- persönliche Anteilnahme,
- Gleichgewicht zwischen Distanz und Nähe,
- gegenseitiges Vertrauen,
- kooperative Leitungsarbeit,
- Schatzsuche statt Fehlersuche,
- teilnehmerzentrierte Konferenzleitung,
- Transparenz im Werdeprozess von Entscheidungen,
- offenes Ohr für Anliegen und Probleme,
- Schaffung von Zielklarheit,
- Eröffnung von Gestaltungsspielräumen,
- Sicherung der organisatorischen Abläufe,
- Entwicklung eines Schulkonzepts.

Den Weg zu diesen wünschenswerten Merkmalen schafft die Leitungsperson nur, wenn sie an sich selbst arbeitet. Und dies bedeutet erstens, immer wieder sich selbst zu reflektieren und darauf aufbauend Ziele zu setzen und die Zielerreichung zu überprüfen. Zweitens heißt Selbstmanagement auch, die Mitarbeiterinnen und Mitarbeiter um Feedback zu bitten. Dies kann in Einzelgesprächen geschehen, aber auch in Form von „Wetterberichten" in Konferenzen (s. Kap. 4.2).

Weiterführende Literatur
Dubs, R.: Die Führung einer Schule. Zürich 1994.
Fischer, W. A./Schratz, M.: Schule leiten und gestalten. Innsbruck 1993.
Lohmann, A.: Führungsverantwortung der Schulleitung. Handlungsstrategien für eine innere Schulentwicklung. Neuwied 1999.

4.2 Teilnehmerorientierte Konferenzmoderation

Es gibt keine Organisation, in der man nicht konferiert. Arbeitsabläufe lassen sich ohne Konferenzen nicht steuern. Konferenzen sind die zentralen Knotenpunkte der Arbeitskommunikation. Pro Tag werden für Besprechungen 100 Millionen DM verausgabt. Konferenzen werden durchgeführt, um zu informieren, sich zu beraten, Probleme zu analysieren und zu lösen sowie Entscheidungen zu treffen. Es kann eine Routinebesprechung sein, die regelmäßig stattfindet. Es kann sich aber auch um eine Zusammenkunft aus einem ganz speziellen Anlass handeln. Egal, um welche Konferenzart es sich handelt, sie bergen alle die große Gefahr der Unwirksamkeit und der Konflikte. Als Probleme werden immer wieder genannt:

„Eine Besprechung leiten und ein Orchester dirigieren ist nicht dasselbe, aber es gibt ein paar Ähnlichkeiten."
Ernst-Georg Gäde und Silke Listing

- mangelnde Vorbereitung,
- keine Zielklarheit,
- Vielrednerei,
- Abschweifungen,
- Machtkämpfe,
- verbale Entgleisungen,
- mangelnde Visualisierungsmöglichkeiten,
- fehlende Ergebnissicherung,
- fehlende Zielvereinbarungen.

Ein gut Teil dieser Schwierigkeiten lässt sich abbauen, wenn man von traditionellen, leiterzentrierten Konferenzformen Abschied nimmt und die Konferenzkultur im Sinne der Moderationsmethode weiterentwickelt. Grundsätzlich heißt dies, dass man sich als Kommunikationshelfer versteht, der die Teilnehmerinnen und Teilnehmer an der Bearbeitung und Lösung von Problemen aktiv beteiligt. Der teilnehmerzentrierte Moderator achtet außerdem auf ein angenehmes Arbeitsklima und ergebnisorientiertes Arbeiten.

Die Konferenzmoderation beginnt lange vor dem eigentlichen Konferenzbeginn. Der Moderator konstruiert ein gutes Programm. Er bereitet sich gut vor, bindet die Betroffenen in die Vorbereitung ein und verschriftlicht all das, was nicht unbedingt mündlich weitergegeben werden muss, in Form informativer Tischvorlagen. Er sorgt auch dafür, dass Hilfsmittel zur Vermittlung von Informationen und für die Visualisierung von Ergebnissen bereitgestellt werden:

- Stellwände,
- Tageslichtprojektor,
- Folien,
- Flipchart,
- Wandzeitungen,
- Plakate,
- Moderationskarten,
- Filzstifte,

◈ Klebepunkte,
◈ Klebestifte,
◈ Klebeband,
◈ Dekonadeln.

Schließlich sollte ein Konferenzraum organisiert werden, in dem man sich wohlfühlt und ungestört arbeiten kann. Dieses Desideratum lässt sich leider nicht überall verwirklichen.

Ist alles soweit präpariert, kann die Konferenz beginnen. Der Moderator begrüßt die Konferenzteilnehmer motivierend. Falls sich die meisten Teilnehmer noch nicht kennen, stellt er sich selbst vor und führt eine kurze Kennenlernrunde durch. Ist diese Anwärmphase beendet, verdeutlicht er die Tagesordnung und klärt die Protokollfrage. Er stellt nochmals ein Einverständnis hinsichtlich der endgültigen Programmfolge und des Zeitrahmens her. Er teilt die schriftlichen Informationen aus und beschränkt Erläuterungen und Nachfragen auf das Allernötigste.

Wer den Teilnehmerinnen und Teilnehmern zu einer angenehmen und wirksamen Konferenzkommunikation verhelfen möchte, sollte vor dem Einstieg in die inhaltliche Arbeit bewährte Kommunikationsregeln vermitteln:

1. Wir versuchen so offen wie möglich zu sein.
2. Kritik äußern wir so, dass niemand in seinem Ehrgefühl verletzt wird.
3. Wenn jemand spricht, hören wir ihm konzentriert zu.
4. Wir halten uns an den Arbeitsauftrag.
5. Die Arbeit am Thema unterbrechen wir nur dann, wenn es atmosphärische Probleme gibt.

Möglich ist es auch, dass die Teilnehmerinnen und Teilnehmer selbst Wünsche an das Miteinander formulieren – auf Karten oder auf einer Wandzeitung. Diese werden dann regelartig zusammengefasst.

Jetzt wäre der Zeitpunkt zur gemeinsamen Themenbearbeitung gekommen. Falls auf der Tagesordnung das Schwerpunktthema „Gewalt auf dem Pausenhof" steht, könnte zunächst eine Problemsammlung durchgeführt werden. Der Moderator teilt Karten aus und bittet die Teilnehmerinnen und Teilnehmer, auf maximal drei Karten beobachtete Gewaltprobleme zu notieren (nur ein Problem pro Karte). Anschließend werden die Karten eingesammelt, vom Moderator oder vom Kartenschreiber vorgelesen und auf einer Pinnwand gruppiert. Jede Kartengruppe erhält eine passende Überschrift.

Diese Überschriften kann man nun in einen Themenspeicher eintragen und bewerten lassen. Jeder Teilnehmer erhält halb soviel Klebepunkte wie Probleme vorliegen und gibt durch seine Punktvergabe zu erkennen, welches Problem er vordringlich behandelt haben möchte. Steht die Dringlichkeitsliste fest, entwerfen die Teilnehmerinnen und Teilnehmer für die ausgewählten Probleme Lösungsideen, die wiederum auf Karten notiert werden. Diese werden gesammelt, erläutert und gebündelt. Darauf aufbauend kann nochmals eine Punktbewertung stattfinden, an deren Ende die geeignetsten Maßnahmen aus der Teilnehmersicht zu erkennen sind. Jetzt muss entschieden werden, was umgesetzt wird und es ist zu klären, wer was bis wann tut. Dieser Handlungsplan muss jedem zugänglich gemacht werden. Der Moderator bedankt sich für die Mitarbeit aller und führt eine kleine Rückmelde-Runde durch, indem er beispielsweise fragt, wie zufrieden die Beteiligten mit der Arbeitsatmosphäre und den Arbeitsergebnissen waren.

Wichtig zu wissen ist, dass Problem- und Ideensammlungen nicht unbedingt in Form einer Kartenabfrage vorgenommen werden müssen. Eine Alternative hierzu ist ein schriftliches Brainstorming, indem jeder Teilnehmer seine Gedanken zunächst notiert. Im Anschluss daran werden die Gedanken genannt, besprochen und auf einem Plakat zusammengefasst. Für den Fall, dass nach dieser Methode gearbeitet wird, sind Visualisierungsregeln zu beachten:

◆ Gut lesbar schreiben.
◆ Auf Übersichtlichkeit achten.
◆ Sich auf das Wesentliche beschränken.
◆ Zeichnungen sind erlaubt.

Während des gesamten Arbeitsprozesses achtet der Moderator darauf, dass die Arbeitsstufen und Arbeitsregeln eingehalten werden, die Teilnehmerinnen und Teilnehmer am Thema bleiben und sich jeder gleichmäßig einbringen kann. Er hört gut zu, er stellt lernträchtige Fragen, die zum Nachdenken sowie zu Lern- und Veränderungsprozessen motivieren, er bremst „Redelöwen", er ermuntert zaghafte „Gazellen" und greift im Falle sprachlicher Fouls grenzziehend ein.

Falls das Konferenzplenum mehr als 20 Teilnehmerinnen und Teilnehmer umfasst, sollte die Problembearbeitung in selbstmoderierten Kleingruppen (5–8 Teilnehmer) erfolgen. Hierfür benötigen die Gruppen einen Moderationsleitfaden. Sehr bewährt hat sich die nachstehende Arbeitsschritt-Folge:

1. Klären, wer moderiert und wer dokumentiert.
2. Stillarbeit (Stichwörter notieren).
3. Ergebnisse der Stillarbeit im Rundgespräch austauschen.
4. Ergebnisse auf einem Poster zusammenfassen.
5. Eine Person bestimmen, die im Plenum die Ergebnisse präsentiert.

Nicht alle Konferenzen lassen sich nach dieser sehr teilnehmerzentrierten Methode durchführen. Nach den bisherigen Erfahrungen bietet sie sich vor allem für solche Konferenzen an, in denen Probleme gelöst werden müssen. Und das sind sicherlich viele.

Moderations-Werkzeuge

Einstieg
Transparenz herstellen
Der Konferenzablauf wird den Teilnehmerinnen und Teilnehmern auf einem Plakat, einer Folie oder einer Tischvorlage vorgestellt. Es sollte in dieser Phase möglich sein, das Programm zu modifizieren, falls entsprechende Wünsche geäußert werden.

Erwartungsabfrage
Die Teilnehmerinnen und Teilnehmer werden aufgefordert, das auszudrücken, was sie sich von der Besprechung wünschen. Dies kann mündlich (kurzes Statement) oder schriftlich (Wandzeitung, Kartenabfrage) geschehen.

Metaphorischer Einstieg
Die Teilnehmerinnen und Teilnehmer werden aufgefordert, das Thema oder Problem durch einen bildhaften Vergleich zu konkretisieren („Schulentwicklung ist ein schwieriger Aufstieg auf einen hohen Berg mit schöner Aussicht"). Jeder entwirft in einer kurzen Stillarbeit eine Metapher. In der anschließenden metaphorischen Stafette werden sie vorgelesen.

Gruppenbildung
Je mehr Personen an einer Konferenz teilnehmen, desto dringlicher ist es, Problemsammlungen, Problemanalysen und Lösungskonstruktionen in Kleingruppen (6–8 Personen) durchzuführen. Als Möglichkeiten der Gruppenbildung bieten sich an: Abzählen, Bonbons auswählen, Lose ziehen, Jahreszeit der Geburt, Fotopuzzle usw. Nicht zu empfehlen ist eine Gruppenbildung nach dem Sympathie-Antipathie-Prinzip.

Arbeitsformen
Abfrage auf Zuruf
Die Frage steht schon auf dem Flipchart. Die Teilnehmerinnen und Teilnehmer überlegen sich Antworten und rufen sie zu. Der Moderator lenkt den Prozess, der Co-Moderator dokumentiert die Antworten auf dem Flipchart.

Bienenkorb
Nach einer schriftlichen (z. B. Text) oder mündlichen (z. B. Referat) Informationsphase tauschen sich die Teilnehmerinnen und Teilnehmer in Zweier- oder Dreiergruppen zwanglos über das Erfahrene aus und überlegen sich gegebenenfalls Fragen. Diese Fragen werden anschließend im Plenum bekannt gegeben und beantwortet.

Einpunktabfrage
Die Teilnehmerinnen und Teilnehmer antworten auf eine visualisierte Frage mit dem Kleben eines Punktes. Beispielsweise steht auf dem Flipchart der Satz „Erfahrungen mit der Moderationsmethode sind …" und darunter die Antwortkategorien „sehr gut – gut – mäßig – schlecht – sehr schlecht".

Kartenabfrage
Den Teilnehmerinnen und Teilnehmern wird eine Frage vorgegeben. Sie schreiben ihre Antworten stichwortartig deutlich lesbar mit einem Filzstift auf Karten (pro Karte nur ein zentraler Gedanke). Die Karten werden vom Moderator vorgelesen und im Konsens mit der Gruppe thematisch gruppiert. Jede Karten-Gruppe erhält einen treffenden Oberbegriff.

Mehrpunktabfrage
Sie ist eine Alternative zur Abstimmung. Sie dient dazu, Schwerpunkte zu ermitteln oder Entscheidungen zu treffen. Jede teilnehmende Person bekommt hierfür Klebepunkte. Die Zahl der Klebepunkte wird nach folgender Formel errechnet: Anzahl der Alternativen dividiert durch zwei.

Meinungsecken
Zu einem Thema, zu Entscheidungsalternativen oder zu einem Problem werden verschiedene Meinungen formuliert. Diese werden in verschiedenen Ecken des Raumes aufgehängt. Die Teilnehmerinnen und Teilnehmer ordnen sich den Meinungsecken selbst zu. Dort tauschen sie ihre Meinungen und Argumente aus. Anschließend trägt ein Gruppenmitglied das Gesprächsergebnis im Plenum kurz vor.

Methode 66
Um ein Problem intensiver zu reflektieren, Ursachen zu suchen oder Ideen zu sammeln, kann ein Konferenzplenum kurzfristig in Gruppen aufgeteilt werden. Jeweils sechs Personen finden sich in einer Gruppe zusammen und tauschen sich sechs Minuten aus. Das wichtigste Ergebnis (z. B. Lösungsvorschlag) wird von der Gruppe ans Plenum zurückgemeldet. Auf der Grundlage der Gruppenarbeitsergebnisse wird die Plenumsarbeit fortgesetzt.

Mind Mapping
Um den Menschen eine Hilfe zur Ordnung ihrer Gedanken an die Hand zu geben, hat der englische Psychologe Tony Buzan die Mind-Mapping-Methode entwickelt. Ins Deutsche übersetzt kann man auch von der Gedanken-Karten-Methode sprechen. Sie eignet sich nicht nur für den einzelnen Denker, sondern auch für gemeinsame Ideensammlung und Problemlösung in Kleingruppen. Beim Mind Mapping sind Grundregeln zu beachten:
- Den Oberbegriff beziehungsweise die zentrale Idee in die Mitte des Plakats schreiben.
- Die Hauptinformationen auf den Hauptästen, Zusatzinformationen auf den Nebenästen platzieren.
- Möglichst nur Hauptwörter verwenden.
- Einen Ast mit nur ein bis zwei Wörtern besetzen.
- Möglichst nur Blockbuchstaben verwenden.
- Auf den Hauptästen nur mit Großbuchstaben schreiben, auf den Nebenästen sind auch Kleinbuchstaben (in Blockschrift) möglich.
- Die Map nach allen Seiten ausdehnen.
- Neue Gedanken können nachträglich eingefügt werden.
- Bei der Gedankenfolge immer vom Allgemeinen zum Speziellen gehen.
- Die zentralen Gedanken durch Symbole, Bilder und Farben verdeutlichen.

Stilles Schreibgespräch
An Stellwänden werden Plakate befestigt, auf denen jeweils eine Frage steht. Die Teilnehmerinnen und Teilnehmer schreiben ihre Antworten darauf. Während der

Beantwortung darf nicht gesprochen werden. Anschließend werden die Antworten besprochen und zusammengefasst.

Themenspeicher
Sind beispielsweise durch die Kartenabfrage Themenschwerpunkte gefunden worden, an denen weitergearbeitet werden soll, empfiehlt sich eine übersichtliche Darstellung auf einem Flipchart. Falls eine Priorisierung notwendig erscheint, kann diese mit Hilfe einer Mehrpunktabfrage (s. o.) vorgenommen werden.

Pausen/Entspannungsübungen
Die Konzentrations- und Leistungsfähigkeit der Teilnehmer ist begrenzt. Nach eineinhalb bis zwei Stunden ist eine Pause vonnöten. Die Teilnehmerinnen und Teilnehmer sollen sich bewegen und frische Luft tanken können.
Statt einer Pause oder zwischendurch können auch kurze Entspannungsübungen absolviert werden:

Stress loswerden.
Sie stehen aufrecht mit leicht gespreizten Beinen.
Nun beginnen Sie den ganzen Körper, besonders Arme und Beine, zu schütteln.
Aller Stress darf nun abgeschüttelt werden.

Äpfel pflücken
Stellen Sie sich abwechselnd auf die Zehenspitzen des linken und dann des rechten Fußes und pflücken Sie mit ausgestreckten Armen Äpfel von einem Baum.

Energiesein
Sitzen Sie locker und entspannt.
Atmen Sie langsam ein und spannen Sie parallel zur Einatmung Füße, Waden, Oberschenkel, Gesäß, Bauch, Brust, Rücken, Arme und Hände an.
Halten Sie mit der Anspannung acht Sekunden lang die Atmung an.
Seien Sie ganz Energie.
Lassen Sie mit einer langsamen Ausatmung alle Muskeln entspannen.

Zwischenbilanzen/Momentaufnahmen
Blitzlicht
Es wird die augenblickliche Stimmung festgestellt. Alle sagen kurz, wie sie sich momentan fühlen, wie zufrieden sie mit den bisherigen Arbeitsergebnissen sind und wie sie die Zusammenarbeit in der Gruppe erleben.

Stimmungsbarometer
Auf einem Plakat steht oben der Satz „Ich fühle mich momentan…" und darunter befindet sich eine Skala mit den Kategorien „sehr gut – gut – mäßig – schlecht – sehr schlecht". Jede Person visualisiert auf dieser Skala mit Hilfe eines Klebepunktes ihre aktuelle Stimmung.

Schluss

Maßnahmenplan

Um gemeinsam erarbeitete Lösungsvorschläge wirksam im Alltag umzusetzen, müssen sich die Teilnehmerinnen und Teilnehmer unter der Moderation des Gesprächsleiters darüber einig werden, was wer wann durchführt. Die Ergebnisse des Einigungsprozesses werden in eine Tabelle mit entsprechenden Spaltenüberschriften (Was? Wer? Wann?) eingetragen. Abschließend wird eine Erfolgskontrolle terminiert.

Abschlussblitzlicht

Der Moderator bittet jede teilnehmende Person um eine Antwort auf folgende Frage: „Wie war der heutige Tag für Sie? Geben Sie eine Stellungnahme in ein bis zwei Sätzen ab, ohne die Äußerungen der anderen zu kommentieren."

Die gute Konferenzleitung

Auf der Basis von Moderationserfahrungen und Wirksamkeitsanalysen hat sich ein Bild von der guten Konferenzleitung herauskristallisiert. Ihren Merkmalen kann nicht in allen Phasen einer Moderation ideal entsprochen werden. Vielmehr sind diese Merkmale als Hilfe zur kritischen Selbstbewertung des realen Moderationsverhaltens und zur Weiterentwicklung der moderatorischen Fähigkeiten zu verstehen:

Die gute Konferenzleitung
- informiert über die Moderationsschritte,
- sorgt für die Bereitstellung von Hilfsmitteln,
- vereinbart Arbeitsregeln,
- leitet zur Visualisierung von Arbeitsergebnissen an,
- zeigt, wo das Ziel ist und wie weit die Gruppe davon entfernt ist,
- fasst die bisherige Arbeit immer wieder zusammen,
- macht Vorschläge zum weiteren Vorgehen,
- achtet auf das Einverständnis der Teilnehmer,
- gibt Gefühle wieder oder ermutigt die Beteiligten dazu,
- ist konzentriert und hört aufmerksam zu,
- stellt offene Fragen (Wie kam es dazu? Wie sehen Sie das Problem?),
- bremst die Vielredner,
- ermutigt die Redescheuen,
- lässt Ideen entwickeln,
- lässt Ideen bewerten,
- schützt die Beteiligten vor sprachlichen Fouls anderer,
- schlichtet Streit,
- lobt konstruktives Verhalten,
- lässt Ziele vereinbaren,
- klärt, wer wann was tut,
- erhebt Stimmungsbilder,
- blickt zurück und beschließt die gemeinsame Arbeit.

Umgang mit unterschiedlichen Teilnehmertypen

An Konferenzen nehmen unterschiedliche Persönlichkeiten teil. Für die moderierende Person ist es deshalb wichtig, diese Individualitäten zu erkennen und sich persönlichkeitsadäquat zu verhalten. Standardisiertes Moderationsverhalten wird der Individualität der Teilnehmer nicht gerecht, was die Kommunikation und Kooperation erschwert.

Um der moderierenden Person die differenzielle Gesprächsleitung zu erleichtern, werden im Folgenden Teilnehmertypen vorgestellt. Gewagt wird dabei eine sehr metaphorische Beschreibung, wie sie in den bildkräftigen Lehrweisheiten verwendet wird. Sie erfasst sicherlich nicht das gesamte Spektrum der Unterschiedlichkeit, sondern ist als Orientierungshilfe zu verstehen. Anzumerken ist jedoch, dass nicht jede teilnehmende Person immer die beschriebene Rolle spielt, sondern sie auch mal wechselt.

Der Löwe

Er nimmt innerhalb des Kollegiums eine starke Position ein. Wenn wichtige Tagesordnungspunkte und Entscheidungen anstehen, setzt er sich meinungsstark in Szene. Er strebt somit die Meinungsführerschaft an. Er versucht auch weniger durchsetzungsfähige Kolleginnen und Kollegen zu dominieren.

Grenzen Sie seine Redezeit ein. Unterbrechen Sie ihn, wenn er anderen das Wort abschneidet. Erinnern Sie ihn an die gemeinsamen Spielregeln. Sprechen Sie ihn notfalls direkt an und bitten Sie ihn darum, sich zu Gunsten der Gruppe zurückzunehmen.

Die Gazelle

Sie verharrt im „Kommunikationsgebüsch" und hält sich schüchtern zurück. Oft hat sie Angst vor dem Löwen. Am Geschehen ist sie passiv beteiligt. Wenn Sie mal spricht, tut sie dies leise und gehemmt.

Nehmen Sie mit ihr positive Blickkontakte auf. Stellen Sie ihr leicht zu beantwortende Fragen. Helfen Sie ihr bei Formulierungsproblemen. Reagieren Sie selbst auf noch so kleine Beiträge der Gazelle mit Freude. Sollten diese Maßnahmen nicht erfolgreich sein, führen Sie mit ihr ein ermutigendes Einzelgespräch.

Der Wadenbeißer

Er provoziert gern. Auf Redebeiträge anderer reagiert er oft aggressiv und verletzend. Private und dienstliche Frustrationen laden seine Affekte immer wieder auf. Er erscheint als unzufrieden.

Bleiben Sie sachlich. Ermutigen Sie die „Gebissenen" dazu, dem Wadenbeißer ihre Betroffenheit zurückzumelden. Ziehen Sie im Falle ernsthafter Verletzungen eine Grenze. Zeigen Sie ihm bei sprachlichen Fouls die rote Karte. Loben Sie ihn für konstruktive Beiträge. Binden Sie ihn in gemeinsame Aufgaben ein.

Die Giraffe

Sie gibt sich arrogant und besserwisserisch. Sie steht über dem Konferenzgeschehen. Sie hält sich ungern an die Spielregeln. Sie schlüpft immer mal wieder in die Leiterrolle und verteilt Zensuren.

Legen Sie Kommunikationsregeln fest. Weisen Sie die Giraffe bei Regelverletzungen darauf hin. Bauen Sie teilnehmerzentrierte Konferenzphasen ein (z. B. Kartenabfrage). Führen Sie Entscheidungen mit Hilfe der Punktbewertung durch.

Der Igel

Er befindet sich in Distanz zur Gruppe. Aus dieser Position heraus neigt er zum Meckern. Er redet vieles schlecht. Er fühlt sich nicht anerkannt. Auf Innovationen und Verbesserungsvorschläge reagiert er allergisch.

Fordern Sie ihn zum Konkretisieren auf, wenn er pauschal kritisiert. Loben Sie ihn, wenn er sich konstruktiv verhält. Deuten Sie seinen Widerstand positiv um: „Jeder Motor braucht auch eine Bremse." Melden Sie ihm im Einzelgespräch zurück, wie er auf Sie wirkt.

Der Schlaufuchs

Er gibt sich besonders klug. Er hinterfragt und korrigiert gern die anderen. Er kapriziert sich auf Kleinigkeiten. Und mittels der Geschäftsordnung stoppt er immer wieder den Konferenzablauf.

Kritisieren Sie sein Verhalten, wenn er zu pingelig wird oder andere bloßzustellen versucht. Bieten Sie ihm aber auch Brücken zur konstruktiven Beteiligung an, indem Sie ihm Aufgaben übertragen. Geben Sie schlaue Fragen, die er an Sie stellt, an das Plenum zurück.

Das treue Pferd

Es tut viel für das gemeinsame Ganze. Dem Konferenzleiter gegenüber verhält es sich loyal. Es meldet sich, wenn Aufgaben verteilt werden. Es gleicht Spannungen aus und beruhigt aufgeregte Teilnehmer.

Anerkennen Sie sein Engagement. Geben Sie ihm Zückerchen. Heben Sie es aber vor den anderen nicht zu stark hervor. Bremsen Sie es dort, wo es zu viel des Guten tut.

Der lustige Affe

Er ist kontaktfreudig, geschwätzig und versucht die Aufmerksamkeit der anderen auf sich zu ziehen. Er macht gern Witze und erzählt gern Anekdoten. Es kommt des Öfteren vor, dass er andere unterbricht.

Machen Sie seinen Humor für das Konferenzklima nützlich. Gewähren Sie ihm aber nicht zu viel Spielraum. Bremsen Sie ihn, wenn er zu viel und zu lange redet. Erinnern Sie ihn streng an die Regeln, wenn er andere unterbricht. Bieten Sie ihm energiebindende Aktivitäten an.

Das Walross

Es empfindet die Konferenz als langweilig. Träge sitzt es da. Am Konferenzgeschehen beteiligt es sich selten bis gar nicht. Es ist gedanklich oft irgendwo anders. Es freut sich auf Konferenzpausen und vor allem auf das Konferenzende.

Fixieren Sie es immer mal wieder mit ihren Blicken. Sprechen Sie es auch mal an, wenn Themenbereiche besprochen werden, in denen es kompetent ist. Stellen Sie es aber nicht bloß. Verstärken Sie es positiv, wenn es sich engagiert. Führen Sie eventuell mit ihm ein Motivationsgespräch.

Weiterführende Literatur
Klebert, K./Schrader, E./Straub, W. G.: ModerationsMethode. Hamburg 1991.
Kuhnt, B./Müllert, N. R.: Moderationsfibel Zukunftswerkstätten. Das Praxisbuch zur Sozialen Problem-lösungsmethode Zukunftswerkstatt. Münster 1996.
Lipp, U./Will, H.: Das große Workshop-Buch. Konzeption, Inszenierung und Moderation von Klausuren, Besprechungen und Seminaren. Weinheim und Basel 1996.
Nissen, P./Iden, U.: KursKorrektur Schule. Hamburg 1995.
Seifert, J. W.: Visualisieren-Präsentieren-Moderieren. Bremen 1993.
Tosch, M.: Besprechungen moderieren. Eichenzell 1997.

Bezugsadressen für Moderationsmittel
Die Trainerwerkstatt GmbH, Arkadenhof, 21218 Seevetal
Neuland GmbH, Am Kreuzacker 7, 36124 Eichenzell
Nitor GmbH, Adlerstr. 44–46, 25454 Rellingen

4.3 Kollegiale Kommunikation und Kooperation

„Dass wir miteinander reden können, macht uns zum Menschen."
Karl Jaspers

Es gibt die Schule als gesellschaftliche Institution und als konkrete soziale Handlungseinheit. In der Einzelschule sind Lehrerinnen und Lehrer tätig, die im Auftrag des Staates, der Kirche oder anderer Träger Erziehungs- und Unterrichtsarbeit leisten. Die Einzelschule ist ein aus verschiedenen Teilen bestehendes Ganzes.

Hierzu gehören:
- die Schulklassen,
- das Kollegium,
- die Schulleitung,
- das Schulsekretariat,
- der Hausdienst,
- die Klassenelternschaften,
- die Elternvertretung.

Im Gegensatz zu den anderen Subsystemen ist das Kollegium eine sehr personalstabile Gruppe, die trotz gelegentlicher Fluktuationen auf lange Zeit zusammenbleibt. Dieses Langzeitgebilde ist das Herz jeder Schule. Es muss den Kreislauf des seelisch-sozialen Organismus „Schule" aufrechterhalten. Geht es dem Herz der Schule schlecht, leidet darunter auch die ganze Schule. Welche Probleme dieses Miteinander beeinträchtigen und welche Änderungschancen sich im Kontext einer Inneren Schulentwicklung ergeben, ist zentraler Inhalt dieses Kapitels.

Kollegiale Kommunikation

In einem relativ dichten sozialen Raum findet die kollegiale Kommunikation und Kooperation statt. Jedes Kollegiumsmitglied ist in diesem intensiven Kommunikationsfluss Sender und Empfänger. Niemand kann sich diesem Prozess entziehen. Selbst wenn ein Kollege schweigt, ist dies schon wieder eine Botschaft. Watzlawick (1969) stellt zu Recht fest, dass es unmöglich ist, nicht zu kommunizieren.

Zu unterscheiden sind in der kollegialen Kommunikation formelle (z. B. Konferenzen) von informellen Formen (z. B. Pausengespräche). In diesem täglichen Miteinander gibt es sowohl Barrieren als auch Brücken (s. Keller 1994, Miller 1992, Miller 1997, Schulz von Thun 1989).

Kommunikationsbarrieren
Missverständnisse
Je nachdem, wie der Empfänger die Botschaft des Senders interpretiert, kann die Kommunikation einen völlig anderen Verlauf nehmen, als vom Sender beabsichtigt. Die Verwechslung von Sachebene und Beziehungsebene ist dabei sicherlich die größte Kommunikationsbarriere.

Ein Fachlehrer teilt einem Klassenlehrer negative Eindrücke von dessen Klasse mit. Der Klassenlehrer missversteht dies zunächst als Kritik an seiner Klassenführung.

Kränkungen

Im Eifer täglicher Konflikte kommt es immer wieder zu destruktiven, entmutigenden Äußerungen, die sich nicht primär auf ein Fehlverhalten richten, sondern auf den Selbstwert des Konfliktpartners. Ein Kollege sagt zu seiner führungsschwachen Kollegin „Sie haben Ihren Beruf verfehlt." Solche Giftpfeile ins persönliche Zentrum des Mitmenschen zerstören die Beziehungsebene.

Imponiergehabe

Manche Menschen zeigen sich ganz gern von ihrer besten Seite nach dem Motto: „Seht her, wer ich bin. Egal, welche Klasse, ich habe sie alle im Griff." Sie lassen sich im hellen Licht erscheinen und sichern somit ihren Selbstwert. Und zwar auf Kosten derjenigen, die solche Strategien nicht beherrschen.

Verschlossenheit

Machen sich in einem Kollegium Imponierwettbewerbe breit, wird bei eher ängstlichen Personen ein persönliches Sicherungssystem in Gang gesetzt. Negativ empfundene Anteile der eigenen Person, aktuelle Schwierigkeiten werden verborgen und getarnt. Der „Verschlossene" sagt zu sich: „Über Schwierigkeiten mit Schülern spreche ich nicht, die könnten mich für einen Versager halten."

Tratsch/Gerücht

Je mehr sich einzelne Kollegiumsmitglieder aus Selbstschutzgründen verschließen, desto mehr wird über deren Fehler und Privatleben in abwertender Form heimlich kommuniziert. Im gleichen Maße steigt auch die Wahrscheinlichkeit, dass Gerüchte in Umlauf gebracht werden.

Grüppchenbildung

Das Kollegium zerfällt in Kleingruppen Gleichgesinnter. Man gibt sich keine Mühe, mit Personen zu kommunizieren, die einem auf Anhieb nicht so sympathisch sind.

Abkapselung

Man erlebt das Kollegium insgesamt als unangenehm und sieht keinen Sinn mehr im Sich-Mitteilen und Austauschen. Man kommt, tut seine Pflicht und geht.

Kommunikationsbrücken

Kommunikation lässt sich nie völlig harmonisch, fehlerfrei und kongruent praktizieren. Immer wieder wird es zu Störungen, Blockaden und Missverständnissen kommen. Darüber hinaus wird die Tatsache, dass wir unterschiedliche Persönlichkeiten sind und persönlich unterschiedliche Kommunikationsstile aufweisen, das Miteinander phasenweise erschweren. Dennoch sollten wir den Weg zu einer Verbesserung der kollegialen Kommunikation wagen.

Achtung/Einfühlung/Echtheit

Man achtet sich als Menschen ungeachtet der persönlichen Verschiedenheit. Das Bemühen um diesen grundsätzlichen Respekt heißt nicht, dass alles gutgeheißen werden muss. Man fühlt sich in den Mitmenschen ein und versucht ihn aus seiner Innenwelt heraus zu verstehen. Und man bemüht sich um Echtheit. Das heißt, dass das, was ausgesprochen wird, mit den tatsächlichen Gefühlen übereinstimmt.

Symmetrie

Man kommuniziert so, dass das, was man zum anderen sagt, er auch zu einem selbst sagen kann. Man verzichtet auf Killerbotschaften. Kritisiert wird das störende Fehlverhalten, aber das Ehrgefühl des Nächsten wird nicht angegriffen.

Ich-Botschaften

Wenn einem am anderen etwas stört, bringt man seine emotionale Betroffenheit zum Ausdruck und zwar in Ich-Form: „Ich bin sehr traurig, dass du dein Wort nicht gehalten hast."

Aktives Zuhören

Man nimmt am Mitmenschen Anteil. Man hilft ihm, sich sein Problem von der Seele zu reden. Man achtet auf das, was ihm auf der Seele liegt, aber momentan nicht verbalisiert wird. Man drückt es in eigenen Worten aus: „Es war schwer für dich, die Kränkung zu ertragen."

Offenheit

Man gewährt Einblick in die Innenwelt der Gedanken und Gefühle. Dies soll jedoch nicht grenzenlos sein. Anzustreben ist ein Mittelweg zwischen Distanz und Nähe. Voraussetzung ist, dass das, was man jemanden im Vertrauen mitteilt, von diesem nicht gegen einen verwendet wird.

Feedback

Will der Mensch sich weiterentwickeln, benötigt er Rückmeldungen. Der Mitmensch soll sagen dürfen, was der andere in ihm ausgelöst hat. Solche Rückmeldungen werden dann angenommen, wenn sie ehrlich und taktvoll sind. Direkte Rückmeldungen an Ärger-Verursacher sind besser, als eine Ärgerbewältigung in heimlicher Kommunikation.

Meta-Kommunikation

Von Zeit zu Zeit ist es wichtig, dass aufeinander bezogene Menschen miteinander über den Verlauf, die Eigenarten und Schwierigkeiten ihrer Kommunikation reflektieren. Ziel ist die Klärung und Verbesserung der Beziehungen. Lehrerkonferenzen sollten dazu genutzt werden, die Kommunikation in Form von Wetterberichten (s. u.) zu besprechen. Dieser Klimaanalyse können folgende Leitfragen zugrunde liegen: Wie geht es uns momentan? Wo gibt es Schwierigkeiten? Wie können diese behoben werden?

Kollegiale Kooperation

Kooperation bedeutet, dass mehrere Personen arbeitsteilig auf ein gemeinsames Ziel hinarbeiten. Dabei erwarten sie ein Ergebnis, das Einzelleistungen überlegen ist.

Niemand wird sich kooperativen Situationen entziehen können. Das heißt, das Miteinander-Arbeiten ist Teil des Berufsalltags eines Lehrers, auch wenn er über weite Strecken, vor allem im Klassenzimmer, auf sich allein gestellt ist. Anlässe gibt es genug: Planung von fächerverbindendem Unterricht, Anfertigung von Unterrichtsmaterial, Lösung eines gravierenden Disziplinkonflikts, Planung von Projekttagen, Vorbereitung einer gemeinsamen Klassenfahrt, Durchführung eines Schulfests, Organisation einer Abschlussprüfung. Solche gemeinsam zu bewältigenden Aufgaben, dies ist eine Grunderkenntnis der Gruppenpsychologie, gelingen um so besser, je positiver die persönliche Chemie im Kollegium funktioniert. Ein Leitsatz der Teamarbeit lautet deshalb: „Kontakt kommt vor Kooperation."

Kooperationsbarrieren
Einzelkämpfertum
Aus welchen Motiven dieses Verhalten auch immer gespeist sein mag, das Einzelkämpfertum ist sicherlich die größte Barriere im schulischen Beziehungsfeld. Gefördert wird diese Haltung durch die Struktur des Auftrags, der nicht an Tandems oder Teams gerichtet ist, sondern an den einzelnen Lehrer, der gemäß den Zielen des Lehrplans in bestimmten Fächern Stoff vermittelt.

Fachegoismus
In Gesprächen mit Lehrergruppen wird als weitere Barriere des Öfteren der Fachegoismus genannt. Kennzeichen dieses Phänomens ist, dass man sein Fach und die damit verbundenen Lehrziele und -inhalte als sehr wichtig einstuft. Folge davon sind regelmäßige Konflikte. Diese können sich beispielsweise am Thema „Hausaufgabenmenge" entzünden.

Zeitmangel
Nicht minder kooperationshemmend ist der Zeitmangel. Die Zeitstruktur des Schulalltags mit dem 45-Minuten-Rhythmus setzt dem Miteinander-Arbeiten Grenzen. Hinzu kommt als weitere Ursache die Unterschiedlichkeit der Stundenpläne.

Informationsmangel
Ebenfalls hemmend ist der Mangel an Informationen über das, was die einzelnen Kollegiumsmitglieder derzeit tun. Zwei Kolleginnen entwickeln momentan ein Programm zur Förderung des sozialen Lernens und setzen es mit Erfolg um. Es gelingt ihnen dadurch, eine relativ schwierige Klasse zu einem positiveren Sozialverhalten zu motivieren. Zufälligerweise erfährt davon das übrige Kollegium in einem Rundgespräch anlässlich eines Pädagogischen Tages.

Transparenzmangel
Die Motivation zur Mitarbeit und zur gemeinsamen Bewältigung von schwierigen
Aufgaben wird deshalb so oft erschwert, weil der Werdeprozess von Entscheidungen
von der Schulleitung zu lange verborgen wird. Kein Wunder, wenn nach der Präsentation von Tatsachen nur noch die Amtsautorität als Mittel der Motivation übrig-
bleibt.

Delegationsmangel
Es verbleiben zu viele Aufgaben auf der Leitungsebene, was den Stress der Orga-
nisationsspitze verstärkt. Es wird zu wenig von oben nach unten delegiert. Damit
hat das Kollegium wenig Möglichkeiten, sich mit dem gemeinsamen Ganzen zu
identifizieren.

Fehlendes pädagogisches Konzept
Die pädagogische Arbeit wird zu wenig reflektiert, geplant und gestaltet. Es fehlen gemeinsam erarbeitete und getragene Grundsätze, an denen sich das tägliche
Handeln orientiert. Gegensätzlichkeiten, Gegenläufigkeiten und Unklarheiten
sind die Folge.

Kooperationsbrücken
Patentrezepte für die Verbesserung der Lehrer-Lehrer-Kooperation gibt es nicht.
Wer mit wem wo kooperiert, sollte auch nicht zu starr festgelegt werden. Es exis-
tieren aber Erkenntnisse und Erfahrungen, die uns Verbesserungsmöglichkeiten auf-
zeigen.

Unterrichtliche Zusammenarbeit
Es ist naheliegend, kooperative Arbeit am Beispiel des fächerverbindenden Unterrichts zu erproben. Darunter ist zu verstehen, über den fachlichen Tellerrand zu
blicken, gemeinsam ein gleichlautendes Thema aufzugreifen und unterrichtlich umzusetzen. Eine auf dieser Ebene entstandene Zusammenarbeit könnte ihre Fort-
setzung in Hospitationen, in gemeinsamen Unterrichtsanalysen und im Teamtea-
ching finden.

Gemeinsame Konfliktlösung
Zur Bewältigung eines aktuellen Disziplinkonflikts setzt sich das Klassenteam zu-
sammen, entwickelt ein Ursachenmodell, konstruiert eine Lösung und vereinbart
Ziele. Der kurzfristig höhere Zeitaufwand für gemeinsame Besprechungen, Ab-
sprachen und Aufgaben zahlt sich mittel- und langfristig durch den Rückgang von
Konflikten und Reibungsverlusten aus.

Intensiver Informationsfluss
Machbar ist auch die Intensivierung des Informationsflusses auf allen Ebenen und
in alle Richtungen. Extra Informationszeiten in Konferenzen und Teilkonferenzen,
Informationsecken, „Marktstände" und ähnliche Vermittlungsmöglichkeiten fördern das innerschulische Informationssystem. Frühzeitige Information und Kon-

sultation reduzieren die Wahrscheinlichkeit gravierender Konflikte und des damit verbundenen Stresses.

Mehr Transparenz

Die Bereitschaft zur Akzeptanz und Kooperation wächst auch dort, wo für alle sichtbar ist, was sich im Vorfeld von Entscheidungen entwickelt, die für das ganze Kollegium von Bedeutung sind. Transparenz führt zu Klarheit. Alle wissen, woran sie als Mitglied des Ganzen sind.

Mehr Delegation

Ein wesentliches Merkmal der „Guten Schule" ist eine kooperativ eingestellte Schulleitung. Sie macht die Betroffenen zu Beteiligten, indem sie Aufgaben delegiert. Somit fördert sie die Mitverantwortung für das Ganze.

Gemeinsames pädagogisches Konzept

Darunter versteht man gemeinsam erarbeitete und getragene Grundsätze, an denen sich das tägliche pädagogische Handeln orientiert. Hierzu dient ein Pädagogischer Tag, an dem zunächst eine Stärken-Schwächen-Analyse der pädagogischen Arbeit durchgeführt wird. Darauf aufbauend wird überlegt, wie die Schwächen durch konsensuell entwickelte Ziele und Maßnahmen abgebaut werden können.

Teamentwicklung

Wenn die Kooperation verbessert werden soll, muss aus der Ansammlung von Lehrern ein Team werden – beispielsweise auf der Klassenebene. Dies bedeutet, dass man sich am Schuljahresbeginn hinsichtlich der gemeinsamen Ziele abstimmt und abspricht, die Teamarbeit im Schuljahresverlauf analysiert und sich um eine positive Dialogkultur bemüht.

Der kollegiale Kommunikationskodex

1. Wir achten uns als Menschen mit all unserer Verschiedenheit. Das Bemühen um diesen grundsätzlichen Respekt bedeutet nicht, dass wir alles gutheißen müssen.
2. Wir bemühen uns um wechselseitige Anteilnahme. Probleme versuchen wir aus dem Blickwinkel des anderen zu verstehen.
3. Wir streben nach Echtheit. Das heißt nicht, dass wir alles, was uns auf der Zunge liegt, aussprechen, sondern dass wir prinzipiell offen sind.
4. Wir reden so miteinander, dass das, was wir zum anderen sagen, er auch zu uns sagen kann. Wenn uns etwas aneinander missfällt, richten wir unsere Kritik auf das Fehlverhalten und verzichten auf Kränkungen (Killerbotschaften).
5. Wenn uns am anderen etwas stört, bringen wir unsere Gefühle in der Ich-Form zum Ausdruck.
6. Wir achten darauf, dass sich das, was wir uns sprachlich mitteilen, mit dem, was wir dabei fühlen, einigermaßen in Einklang befindet.
7. Wir führen miteinander Entlastungsgespräche. Sie dienen dem Stressabbau. Dies können sowohl kurze Pausengespräche als auch längere vertrauliche Gespräche sein. Die Entlastung gelingt um so besser, je mehr wir einander aktiv zuhören.
8. Was wir uns im Vertrauen mitteilen, verwenden wir nicht gegeneinander. Wir reden nicht über andere Kollegen, sondern sprechen sie direkt an.
9. Wir planen gemeinsam Feiern und Aktivitäten, fördern so unser Wohlbefinden und erleichtern uns das Öffnen in der Gruppe.
10. Wir verzichten auf die rigorose Durchsetzung unserer Standpunkte. Wir sind kompromissbereit.
11. Von Zeit zu Zeit reflektieren wir gemeinsam über die Art und Weise, wie wir miteinander umgehen.
12. Wir fördern gezielt die Integration von Kollegiumsneulingen. Wir kümmern uns um Kolleginnen und Kollegen, denen es momentan nicht gut geht.
13. Wir gestehen Fehler ein. Wir sind bereit, voneinander zu lernen.
14. Wir unterstützen uns fachlich-methodisch. Wir planen, praktizieren und reflektieren Unterricht gemeinsam.
15. Bei gravierenden Disziplinkonflikten setzen wir uns zusammen und streben eine gemeinsame Lösung an. Wir schützen Kolleginnen und Kollegen, die Schüleraggressionen ausgesetzt sind.
16. Wir intensivieren den Informationsfluss in unserem Kollegium. Dieser kann durch spezielle Tagesordnungspunkte in Konferenzen und Teilkonferenzen und durch Informationstafeln, durch Lehr- und Lernmittelausstellungen gefördert werden.
17. Alle, die Schulleitung eingeschlossen, bemühen sich darum, im Werdeprozess von Entscheidungen für mehr Transparenz zu sorgen. Jeder weiß somit, woran er als Mitglied des Ganzen ist.
18. Im Rahmen einer schulinternen Lehrerfortbildung analysieren wir unser pädagogisches Konzept. Aufbauend auf dieser Ist-Analyse erarbeiten wir Zielvereinbarungen (pädagogischer Konsens) und Änderungsmaßnahmen. Wir bewerten die Weiterentwicklung in gemeinsamen Bilanzsitzungen.

Wetterberichte in Konferenzen

Wetterbericht I
Wie geht es Ihnen momentan als Kollegium?

Wie zufrieden sind Sie mit Ihrer pädagogischen Arbeit?
Wo gibt es Schwierigkeiten?
Wie können diese behoben werden?

Wie zufrieden sind Sie mit unserem Miteinander?
Wo gibt es Schwierigkeiten?
Wie können diese behoben werden?

Wetterbericht II
Jede Lehrperson teilt kurz mit,
- wie sie sich fühlt,
- wie zufrieden sie mit der pädagogischen Arbeit ist,
- wie sie das kollegiale Miteinander erlebt.

Anschließend wird die Kurzerhebung besprochen.

Wetterbericht III
Im Lehrerzimmer wird ein großes Stimmungsbarometer ausgehängt. Die Skala reicht von 0 (= sehr unwohl) bis 100 (= sehr wohl). Jede Person visualisiert mit einem Klebepunkt ihr Befinden. Anschließend wird das Stimmungsbild gemeinsam besprochen.

Weiterführende Literatur
Miller, R.: Sich in der Schule wohlfühlen. Wege für Lehrerinnen und Lehrer zur Entlastung im Schulalltag. Weinheim und Basel 1992[5].
Miller, R.: „Das ist ja wieder typisch!" – Kommunikation und Dialog in Schule und Verwaltung. 25 Trainingsbausteine. Weinheim und Basel 1997[2].

4.4 Achtsame Lehrer-Schüler-Kommunikation

Schülerinnen und Schüler verbringen während ihrer Schulzeit ca. 15 000 Stunden in der Schule. Während dieser langen Zeit treten sie immer wieder in Beziehung mit Lehrerinnen und Lehrern. Die Lehrer-Schüler-Beziehung hat eine asymmetrische Struktur. Während Lehrpersonen explizit das Recht haben, Schülerinnen und Schülern Aufträge und Weisungen zu erteilen oder sie für ein Fehlverhalten zu sanktionieren, sind den Heranwachsenden diese Möglichkeiten nicht gegeben. Andererseits ist diese „schiefe" Beziehung kein Willkürverhältnis. Schülerinnen und Schüler haben ein Anrecht darauf, dass die Lehrerinnen und Lehrer ihre Würde als Person achten und sie körperlich und seelisch nicht verletzen.

> *„Wie meine Botschaft angekommen ist, weiß ich erst, wenn ich die Antwort kenne."*
> *Norbert Wiener*

Obwohl viele Lehrerinnen und Lehrer darum bemüht sind, der Persönlichkeit der Schülerinnen und Schüler gerecht zu werden und ihnen als Partner zu begegnen, geraten sie regelmäßig in Rollenkonflikte. Zum einen möchten sie mit den Schülerinnen und Schülern partnerschaftlich-dialogisch umgehen und zusammenarbeiten, zum anderen kommen sie nicht umhin, die Leistungs- und Verhaltenserwartungen der Institution Schule umzusetzen.

Beim Blick auf die tägliche Lehrer-Schüler-Kommunikation fallen dem Beobachter nicht nur Rollenkonflikte auf, sondern auch Kommunikationsstörungen. Denn wie jede menschliche Beziehung ist auch die Lehrer-Schüler-Beziehung prinzipiell störanfällig. Aus Lehrersicht werden als typische Kommunikationsprobleme immer wieder genannt:

- Verbalaggressionen (Beschimpfung, Beleidigung, Kränkung),
- Unhöflichkeit,
- Überempfindlichkeit (Unfähigkeit, Kritik zu ertragen),
- mangelnde Gesprächsbereitschaft,
- generelle Ablehnung.

Aus Schülergesprächen und Schülerumfragen gehen folgende Störfaktoren hervor:

- Verbalaggressionen (Killerbotschaften, Kränkungen),
- Bloßstellungen vor der Klasse,
- Einbahnkommunikation,
- überfordernder Leistungsdruck,
- zu starke Stofforientierung,
- ungerechtfertigte Kritik.
- ungerechte Benotung,
- Benachteiligung,
- mangelndes Einfühlungsvermögen,
- mangelnde Gesprächsbereitschaft,
- Überempfindlichkeit.

Im Sinne gemeinsamer Seelenhygiene sind sowohl Lehrerinnen und Lehrer als auch Schülerinnen und Schüler auf ein gutes Kommunikationsklima angewiesen. Dieses kann schon dadurch geschaffen werden, dass sich die Lehrpersonen um eine grundsätzlich menschliche Einstellung zu den Schülerinnen und Schülern bemühen. Darunter ist zu verstehen,

◆ die Schülerinnen und Schüler ungeachtet ihrer Schwierigkeiten als Menschen zu achten,

◆ sich in die Innenwelt der Schülerinnen und Schüler einzufühlen (Perspektivenwechsel),

◆ ein Mindestmaß emotionaler Wärme zu zeigen.

Viel kommunikationsfördernde Wirkung entsteht auch, wenn Lehrerinnen und Lehrer darauf verzichten, ihre Macht zu missbrauchen, indem sie Killerbotschaften möglichst vermeiden. Unter Killerbotschaften versteht man Ehrverletzungen („Du Idiot, kapierst du dies nicht?"), Herabwürdigungen, Bloßstellungen, Kränkungen. In kritischen Konfliktsituationen müssen Lehrerinnen und Lehrer ein hohes Maß an Affektkontrolle aufbringen, denn manche Schülerinnen und Schüler provozieren bewusst, um Spannungen abzubauen oder um Grenzen auszutesten. Statt Gleiches mit Gleichem zu beantworten, sollten Lehrerinnen und Lehrer den Provozierenden die Tatsache der Grenzüberschreitung verdeutlichen und mit ihrer ganzen Betroffenheit zurückmelden, was in ihnen ausgelöst worden ist.

Schafft es eine Lehrperson in einer Konfliktsituation nicht, ihre Affekte zu kontrollieren, und fügt sie der Schülerin oder dem Schüler eine psychische Verletzung zu, tut sie gut daran, sich zu entschuldigen und um Verzeihung zu bitten. Die Gefahr, dass sie dadurch ihre Position schwächt, ist gering. Eher das Gegenteil wird der Fall sein. Man erlebt die Lehrperson als Menschen, der einen Fehler eingesteht, der den Schüler als Mitmenschen ernst nimmt und der die Kränkung wieder gutmachen möchte. Ihr Verhalten kann somit auch zum Vorbild für die Lösung von Schüler-Schüler-Konflikten werden.

Da das Kommunikationsbedürfnis vieler Schülerinnen und Schüler zu Hause nicht mehr optimal befriedigt wird, sind Lehrerinnen und Lehrer bei nicht wenigen Schülerinnen und Schülern zur wichtigsten außerfamiliären Bezugsperson geworden. Obwohl ihnen die Rolle des Ersatzvaters oder der Ersatzmutter nicht zugemutet werden kann, sollten sie im Unterricht und darüber hinaus (z. B. bei der Klassenfahrt, im Schullandheim) möglichst viele Gelegenheiten nutzen, um mit den Schülerinnen und Schülern Befindensgespräche zu führen. In solchen Gesprächen sollen sich die Schülerinnen und Schüler Probleme von der Seele reden können. Die Aufgabe der Lehrperson ist dabei die des aktiven Zuhörers. Dieser Zuhörer zeigt sich interessiert an der Person des Erzählenden, hört ihm zu und fasst das emotional Wichtige in eigenen Worten zusammen. Wo es nötig oder möglich ist, gibt er Ratschläge und weist auf Auswege hin. Alles in allem hilft die Lehrperson den Schülerinnen und Schülern, sich selbst wirksamer zu helfen.

Parallel zum Einzelgespräch sollte den Schülerinnen und Schülern regelmäßig die Möglichkeit zum Klassengespräch gewährt werden. Anlässe für ein Klassengespräch können sein: gegenwärtige Schüler-Schüler-Konflikte, Arbeitsbelastungen, Unzufriedenheit mit den Unterrichtsmethoden, besondere Ereignisse, die

Schüler bewegen. Im Klassengespräch muss die Lehrperson für einen geordneten Gesprächsablauf sorgen und sie muss wie im Einzelgespräch das emotional Bedeutsame heraushören und verstehend zurückspiegeln. Sie darf es nicht versäumen, Einsichten und Lösungswege aufzuzeigen.

Wer die Kommunikation und Kooperation mit den Schülerinnen und Schülern wirklich ernst nimmt und sie weiterentwickeln möchte, muss ihnen auch die Gelegenheit zum Feedback geben. Dies kann eine Gesprächsrunde sein, in der die Schülerinnen und Schüler zurückmelden, was sie gut finden und wo sie sich Verbesserungen wünschen. Dann gibt die Lehrperson oder auch das Lehrerteam Feedback. Aufbauend darauf werden Änderungsziele vereinbart. Falls das Feedbackgeben schwer fällt, bietet sich eine Briefaktion an. Die Schülerinnen und Schüler teilen ihre Antworten in Form eines Briefes an die Lehrperson mit. Anschließend wird darüber ein Klassengespräch mit Lehrerfeedback und Zielvereinbarungen durchgeführt. Und schließlich ist auch ein Fragebogen-Feedback möglich (s. S. 59).

Weiterführende Literatur
Miller, R.: Beziehungsdidaktik. Weinheim und Basel 1997.
Raser, J.: Erziehung ist Beziehung. Weinheim und Basel 1999.
Tausch, R./Tausch, A.-M.: Erziehungspsychologie. Begegnung von Person zu Person. Göttingen 1998[11]

Feedbackbogen
zur Lehrer-Schüler-Beziehung

	immer	oft	manch-mal	selten	nie
1. Sie achten uns.	5	4	3	2	1
2. Sie können sich in uns einfühlen.	5	4	3	2	1
3. Sie können gut zuhören.	5	4	3	2	1
4. Sie sind gerecht.	5	4	3	2	1
5. Sie behandeln Mädchen und Jungen gleich.	5	4	3	2	1
6. Sie helfen und unterstützen uns.	5	4	3	2	1
7. Ihnen kann man vertrauen.	5	4	3	2	1
8. Sie interessieren sich für uns.	5	4	3	2	1
9. Sie sind gesprächsbereit	5	4	3	2	1
10. Sie nehmen Kritik an.	5	4	3	2	1

4.5 Bildung von Lehrerteams

Im ursprünglichen Sinne heißt Team Mannschaft. Es ist ein Begriff, der aus der Sprache des Sports kommt. Inzwischen nennt man Gruppen, die gemeinsam Aufgaben bewältigen, Teams. Die Arbeit, die solche Gruppen gemeinsam leisten, wird Teamarbeit genannt. Die Mitglieder eines Teams haben klar definierte Rollen und Teilaufgaben.

> *„Teamarbeit setzt den Willen zum Kooperieren voraus."*
> Hilbert Meyer

Die Gesamtleistung von Organisationen steht und fällt mit den Leistungen der einzelnen Arbeitsteams. Deshalb wird in großen Unternehmen sehr viel Geld in die Förderung der Schlüsselqualifikation „Teamfähigkeit" und in die Teamentwicklung investiert.

Eine Gruppe, so eine Grunderkenntnis der Sozialpsychologie, ist noch kein Team. Eine Gruppe muss zur reifen Gruppe, zum gut eingespielten Team werden. Von einem Team kann dann gesprochen werden, wenn die Teammitglieder auf der Beziehungsebene gut miteinander auskommen und gute Leistungen erzielen.

Teamarbeit in der Schule ist die gemeinsame Bewältigung pädagogischer Aufgaben durch viel Arbeitsteilung, Austausch, Abstimmung und Absprache. Leider überwiegt in der Schule immer noch das Einzelkämpfertum, so das Ergebnis der zahlreichen Bestandsaufnahmen, die ich in den letzten Jahren im Kontext Innerer Schulentwicklungen durchgeführt habe. Aus den Soll-Analysen, die darauf aufbauend angefertigt wurden, geht der klare Wunsch vieler Lehrerinnen und Lehrer hervor, auf Klassenebene und auf gesamtschulischer Ebene mehr Teamarbeit zu praktizieren.

Teamarbeit wirkt sich langfristig stressreduzierend aus. Die Stressforschung hat eindeutig nachweisen können, dass dort, wo Teamentwicklung stattgefunden hat, weniger Belastungen und Konflikte auftreten.

Es gibt verschiedenste Varianten der schulischen Teamarbeit, die in neuerer Zeit entwickelt und erfolgreich erprobt worden sind:

- *Klassenteams:* regelmäßige pädagogische Konferenzen, in denen man sich austauscht, abspricht und abstimmt, Schülerprobleme gemeinsam analysiert und Lösungen konstruiert sowie fächerverbindende Vorhaben plant und auswertet;
- *Klassenstufenteams:* Lehrerinnen und Lehrer einer Jahrgangsstufe kooperieren auf der Grundlage eines pädagogischen Konzepts intensiv miteinander;
- *Schulinterne Fallbesprechungsgruppe:* trifft sich regelmäßig, um unter externer oder interner Supervision Konfliktfälle gemeinsam zu analysieren und zu lösen;
- *Schulleitungsteam:* gemeinsames Leiten und Reflektieren der führungsverantwortlichen Personen;
- *Projektteams:* Arbeitsgruppen, die gemeinsam Entwicklungsvorhaben planen, durchführen und auswerten;
- *Steuerungsgruppe:* ein repräsentativ zusammengesetztes Team, das im Auftrag des Kollegiums einen Schulentwicklungsprozess koordiniert und reflektiert;
- *Inter-Gruppen-Teams:* Mitglieder der einzelnen Schulgruppen (Lehrer, Eltern, Schüler) arbeiten zu einem bestimmten Zweck zusammen (z. B. Prävention von Gewalt, Vorbereitung eines Schuljubiläums).

Am notwendigsten ist die Teambildung auf der Klassenebene. Ihre Verwirklichung lässt sich am besten fördern, wenn am Schuljahresbeginn in jeder Klasse eine pädagogische Konferenz durchgeführt wird, auf der die Ziele der Schuljahresarbeit bestimmt und deren Umsetzung kooperativ geplant werden. Dies kann in einem zielorientierten Dialog geschehen, den die Klassenleitung moderiert und an dessen Ende klar ist, wo man an einem Strang ziehen muss. Darüber hinaus ist auch systematischeres Vorgehen nach der Moderationsmethode möglich, das folgendermaßen ablaufen könnte:

Die in einer Klasse unterrichtenden Lehrerinnen und Lehrer, auch *Klassenteam* genannt, treffen sich am Schuljahresbeginn, um ihre persönlichen pädagogischen Konzepte auszutauschen. Zu Beginn notiert jede Teilnehmerin, jeder Teilnehmer stichwortartig Antworten auf folgende Fragen:
- Wie hoch sind meine Leistungserwartungen im Allgemeinen?
- Welchen Umfang haben die von mir gestellten Hausaufgaben?
- Wie häufig kontrolliere ich die Hausaufgaben?
- Was erwarte ich von der äußeren Form der Hausaufgaben?
- Wie reagiere ich, wenn Schüler Hausaufgaben versäumen?
- Welche Erwartungen habe ich an das Disziplinverhalten der Schüler?
- Wie reagiere ich auf Disziplinstörungen?
- Was halte ich von der Delegation von Verantwortung?
- Was erwarte ich von den Eltern?
- Wie intensiv soll der Kontakt zum Elternhaus gepflegt werden?

Anschließend werden die persönlichen pädagogischen Vorstellungen im Gespräch ausgetauscht. Darauf aufbauend schreiben alle Beteiligten stichwortartig und konkret auf Moderationskarten (z. B. versäumte Hausaufgaben nachholen), wo gemeinsam im Sinne eines Grundkonsenses gehandelt werden muss. Die Karten werden nun gruppiert und mit Überschriften versehen. Nach dieser Erhebung wird bilanziert, wo es Konsens und wo Dissens gibt. Die weitere Gruppenarbeit muss sich darauf konzentrieren, die verschiedenen Standpunkte zunächst noch einmal zu beleuchten und dann im konstruktiven Gespräch eine Einigung hinsichtlich grundsätzlicher pädagogischer Grundsätze zu erreichen. Diese Prozedur kann auch in Form einer Mehrpunktabfrage durchgeführt werden. Jede teilnehmende Person bekommt hierfür Klebepunkte. Die Zahl der Klebepunkte wird nach folgender Formel errechnet: Anzahl der Alternativen dividiert durch zwei. Aufgrund der Punktvergabe wird schließlich ersichtlich, wo konsensuell gehandelt werden muss.

Während des Schuljahres muss in weiteren Konferenzen immer mal wieder das gemeinsame pädagogische Handeln kritisch reflektiert werden. Hierzu dienen folgende Leitfragen:
- Wo ist es uns gelungen an einem Strang zu ziehen?
- Wo gibt es Schwierigkeiten?
- Wie können diese Schwierigkeiten behoben werden?

Wenn eine Schule zu einer Teamkultur gelangen möchte, muss sie innehalten und unter Moderation einer externen Begleitung ihre Gruppenkultur ehrlich analysieren und darauf aufbauend überlegen, wie die Teamarbeit verbessert werden kann. Hierzu eignen sich Team-Entwicklungsübungen, wie sie unten dargestellt sind. Ist eine Team-Bildung in Gang gekommen, sollte darauf geachtet werden, dass eine gute Teamkultur entsteht. Folgende Merkmale zeichnen ein gutes Team aus:

- Zielklarheit,
- klare Aufgabenverteilung,
- Integration der individuellen Fähigkeiten,
- Engagement,
- gutes Grundklima,
- Offenheit und Vertrauen,
- fairer Umgang,
- aktives Zuhören,
- gegenseitige Hilfe und Unterstützung,
- effektiver Arbeitsstil,
- positive Problemwahrnehmung.

Wenn Bedarf an einer bewährten sozialen Lernmethode besteht, bietet sich die themenzentrierte Interaktion (TZI) von Ruth Cohn an (s. Langmaack 2000). Die TZI soll ein lebendiges Lernen in Arbeitsgruppen ermöglichen. Sie verknüpft Elemente der Tiefenpsychologie mit solchen der Gruppendynamik. Oberstes Gruppenprinzip ist die Balance zwischen dem einzelnen Mitglied (ICH), dem Thema (ES) und der Gruppe (WIR).

Der Gruppenleiter soll der Gruppe immer mal wieder Signale geben, wenn der Aufenthalt an einem der drei Pole zu lang ist. Die Leitungsaufgabe des Gruppenleiters und die Selbstleitung des Einzelnen wird durch Regeln unterstützt:

1. Ich bin mein eigener Chairman. Ich bestimme selbst, wann und was ich sagen will und wann ich schweigen will.
2. Störungen haben Vorrang. Ich unterbreche das Gespräch, wenn ich nicht wirklich teilnehmen kann.
3. In meinen Aussagen vertrete ich mich selbst. Ich spreche per „ich" und nicht per „wir" oder „man".
4. Ich stelle nur dann Fragen, wenn ich ein wirkliches Verlangen nach Information habe. Ich frage den anderen nicht aus.
5. Ich achte auf die Sprache des Körpers bei mir und bei anderen.
6. Ich versuche, so aufrichtig wie möglich zu sein. Am besten gehe ich einen Mittelweg zwischen undifferenzierter Offenheit und ängstlicher Anpassung.
7. Ich sehe mich und den anderen so, wie wir wirklich sind und nicht so, wie ich uns sehen möchte.
8. Wenn ein anderes Gruppenmitglied spricht, höre ich ihm konzentriert zu.
9. Ich spreche nicht über andere Teilnehmer, sondern rede sie direkt an.
10. Ich vermeide Verallgemeinerungen und Klischees.
11. Was ich hier höre und sage, ist vertraulich.
12. Ich interpretiere den anderen nicht, sondern teile ihm mit, welche Reaktionen er bei mir ausgelöst hat.

Durch die Verwirklichung dieser Regeln können Gruppenspannungen, lange Monologe, Intoleranz, Aggressionen und andere Kommunikationsprobleme vermindert oder gar verhindert werden.

Im Gesprächsverlauf macht der Gruppenleiter die Gruppe und die Gruppenmitglieder auf gravierende Regelverletzungen aufmerksam. Er spiegelt seine Beobachtung mit Bezug auf die Regel zurück.

Team-Entwicklungs-Übung (In Anlehnung an Vopel 1993)

Zu Hause formuliert jedes Teammitglied Antworten auf folgende Fragen:
1. Was behindert meiner Meinung nach das Team in seiner Arbeit?
2. Was stört mich persönlich, so zu arbeiten, wie ich es möchte?
3. Was im Team soll so weitergehen wie bisher?
4. Welche Veränderungen würden mir bzw. dem Team helfen?

Die persönlichen Teamdiagnosen werden in Quartetten ausgetauscht. Jeder kann seine Diagnose nochmals überarbeiten. Anschließend treffen sich alle im Plenum, wo das Material in vier große Kategorien übertragen wird:
1. Hypothesen über das Team
2. Störfaktoren für einzelne
3. Stabilitätsfaktoren
4. Veränderungswünsche

Jedes Teammitglied teilt abschließend seine Gesamtbewertung mit. Anschließend werden diejenigen Probleme herausgesucht, an denen weitergearbeitet werden kann. Dabei wird zwischen drei Problemarten unterschieden:
1. Probleme, an denen wir hier weiterarbeiten wollen.
2. Probleme, an denen andere Mitglieder der Organisation arbeiten wollen.
3. Probleme, mit denen wir leben müssen.
Die Probleme der Kategorie 1 werden in eine Prioritätenrangreihe gebracht. Zu jedem Problem werden Lösungsmöglichkeiten entwickelt. Es wird entschieden, wann sie umgesetzt werden. Die wesentlichen Daten werden in einem Maßnahmenkatalog festgehalten.

Weiterführende Literatur
Francis, D./Young, D.: Mehr Erfolg im Team. Hamburg 1996[5].
Langmaack, B.: Themenzentrierte Interaktion. Weinheim 2000.
Langmaack, B./Braune-Krickau, M.: Wie die Gruppe laufen lernt. Anregungen zum Planen und Leiten von Gruppen. Weinheim 1999[6].
Philipp, E.: Teamentwicklung in der Schule. Konzepte und Methoden. Weinheim und Basel 1998[2].

4.6 Systematische Sozialerziehung

„Soziale Erziehung bedeutet Hinführung zum konkreten, verantwortlichen Handeln für den Menschen und für eine menschenwürdige Gesellschaft."
Hans Hielscher

Der Mensch kommt als egoistisches Wesen auf die Welt. Um zu einem gemeinschaftsfähigen Erwachsenen zu werden, bedarf er des sozialen Lernens. Darunter versteht man die Aneignung von Normen, Werthaltungen und sozialen Fertigkeiten.

Es ist schwierig, diese Grundziele des sozialen Lernens genauer zu bestimmen, weil die Auffassungen über gutes und schlechtes Sozialverhalten sehr unterschiedlich sind. Dennoch ist eine Einigung auf einen Lernzielkatalog wie den folgenden möglich:

- *Hilfsbereitschaft*: anderen helfen, mit anderen etwas teilen, anderen etwas schenken, sich für einen anderen einsetzen, füreinander einstehen;
- *Friedfertigkeit*: die Würde des Mitmenschen respektieren, das Recht des Mitmenschen auf körperliche und seelische Unversehrtheit anerkennen;
- *Kooperationsfähigkeit*: mit anderen zusammenarbeiten, mit anderen spielen, Vorhaben gemeinsam planen und durchführen, Konkurrenzgefühle und Neid überwinden;
- *Selbstbeherrschung*: Gefühle differenziert äußern, Gefühle ohne Zorn äußern, Ärger bewältigen, Bedürfnisspannungen aushalten;
- *Soziale Sensibilität:* sich in andere einfühlen (Empathie), Mitgefühl zeigen, Rücksicht nehmen, Anteil nehmen;
- *Selbstbehauptung*: sich angemessen behaupten, sich beschweren, sich für seine Rechte einsetzen, mit Gruppendruck umgehen;
- *Konfliktfähigkeit*: positiv streiten, Kritik konstruktiv äußern, Streit schlichten, Kompromisse eingehen, verhandeln;
- *Kommunikationsfähigkeit*: verständlich reden, aktiv zuhören, Ich-Botschaften senden, Rückmeldung geben und annehmen, jemanden fragen, Bitten äußern;
- *Toleranz*: eigene Vorurteile erkennen und abbauen, die Verschiedenartigkeit der Menschen respektieren;
- *Verantwortungsbewusstsein*: Aufgaben und Pflichten übernehmen, Lebensrollen erproben;
- *Höflichkeit*: grüßen, Danke sagen, um Erlaubnis fragen, sich entschuldigen.

Hauptverantwortlich für die Sozialerziehung ist nach wie vor die Familie. Doch aufgrund entwicklungsstörender gesellschaftlicher Einflüsse und zunehmender Erziehungsdefizite kann die Schule immer weniger davon ausgehen, dass die Schülerinnen und Schüler von zu Hause ein fertiges Sozialverhalten mitbringen.

Schulische Sozialerziehung bedeutet zunächst, Normen des Zusammenlebens zu verdeutlichen und bei gravierenden Grenzüberschreitungen konsequent zu reagieren. Die Grenzen müssen auf Klassen- und Schulebene vom Lehrerteam als pädagogischer Grundkonsens entwickelt werden. Wie praktische Erfahrungen zeigen, ist die Normakzeptanz dort besonders gut, wo die Schulklasse an der Regelung des Sozialverhaltens beteiligt wird. Hierzu entwirft die Klasse zu Beginn des Schuljahres einen Klassenkodex, der dann als Poster an der Wand des Klassenzimmers hängt und die Schülerinnen und Schüler an ihre sozialen Verpflichtungen erinnert. Wie man mit einer Klasse einen Kodex entwickelt, wird weiter unten erläutert.

Dies allein reicht jedoch nicht aus. Damit die Schülerinnen und Schüler zur Identifikation und zur Verinnerlichung von Werten bereit sind, muss die Lehrperson zu ihnen eine positive emotionale Beziehung aufbauen. Hierzu gehören Einfühlung, Anteilnahme, Wertschätzung, Ermutigung, Lob und Anerkennung. Ein solches Bemühen bedeutet auch, dass die Lehrperson auf Kränkungen und Bloßstellungen als Mittel der Verhaltenssteuerung möglichst verzichtet, also selbst ein positives Sozialverhalten vorlebt. Dieser Hinweis möge bitte nicht als Verzicht auf konstruktive Kritik und Grenzziehung verstanden werden. Denn mit Liebe und Einsichtsvermittlung allein kann man in schwierigen Entwicklungsphasen Kinder und Jugendliche nicht erziehen.

Systematisch gefördert werden kann das Sozialverhalten auch durch soziale Lernübungen und Lernspiele. Hierzu gibt es bewährte Spielesammlungen (s. u.). In den Übungen und Spielen lernen die Schülerinnen und Schüler das Mitteilen von Gefühlen, das aktive Zuhören, die Überwindung von Kontaktängsten, die friedfertige Bewältigung von Provokationen, die Teamarbeit, den Abbau von Vorurteilen und prosoziales Verhalten.

Ebenso verhaltensförderlich ist die Einführung und das Üben positiver sozialer Rituale:

- sich grüßen,
- sich verabschieden,
- sich bedanken,
- jemanden um etwas bitten,
- jemanden um Erlaubnis fragen,
- sich entschuldigen,
- jemanden um Verzeihung bitten.

Soziale Rituale gehören zu jenen hilfreichen Ordnungen, die uns das Zusammenleben wirksam erleichtern (Hentig 1976).

Schließlich bietet sich der Einsatz neuer Unterrichtsformen als Fördermittel an. Je häufiger im Unterricht Projektarbeit, Gruppenarbeit oder Partnerarbeit praktiziert werden, desto mehr wird die Teamfähigkeit der Schülerinnen und Schüler weiterentwickelt.

Bei allen Maßnahmen zur Förderung des Sozialverhaltens muss das Elternhaus einbezogen werden. Die Schule sollte der Elternschaft kritische Beobachtungen zurückspiegeln, Erwartungen verdeutlichen, Hilfestellungen geben (z. B. Elternbriefe, thematische Elternabende) und Gespräche anbieten. Als Kommunikationsorte bieten sich an:

- die Elternsprechstunde,
- der Elternabend,
- der Elternbeirat,
- Gesprächskreise,
- ein gemeinsamer Pädagogischer Tag.

Materialien zum sozialen Lernen/Spielesammlungen

Baer, U.: Remscheider Spielkartei. 24 Spielketten zum Sozialen Lernen. Bremen 1985.

Baer, U.: 666 Spiele für jede Gruppe und alle Situationen. Seelze 1995[2]

Bort, W./Bücken, H./Freitag-Becker, E./Hannefort, D.: Schulspielkartei. Münster 1994.

Flemming, I./Fritz, J./Kaminski, W./Müller, M.: Jede Menge Spielideen. 680 Gruppenspiele für Jugendarbeit und Schule. CD-ROM, Windows ab Version 3.1. Mainz 1997.

Jefferys, K./Noack, U.: Das Schüler-Streit-Schlichterprogramm. Lichtenau 1995

Keller, G./Hafner, K.: Soziales Lernen will gelernt sein! Lehrer fördern Sozialverhalten. Donauwörth 1999.

Korte, J.: Stundenentwürfe zur sozialen Unterweisung. Verhalten erkunden, erörtern und trainieren. Weinheim und Basel 1997.

Mitschka, R.: Die Klasse als Team. Ein Wegweiser zum Sozialen Lernen in der Sekundarstufe. Linz 1997.

Walker, J.: Gewaltfreier Umgang mit Konflikten in der Sek. I. Frankfurt am Main 1996.

Soziales Lernen in der Schulklasse

Die Schulklasse ist für den Heranwachsenden nach der Familie und der Freizeit-gruppe der wichtigste soziale Ort. Soziologisch kann man die Schulklasse als Primär-gruppe bezeichnen. Das heißt, dass die Mitglieder in direkter Kommunikation mit-einander stehen, viele Gefühle ausgetauscht werden und ein hohes Maß an Ver-trautheit besteht.

Bevor aus der Schulklasse eine Primärgruppe wird, vergeht einige Zeit, in der Machtkämpfe stattfinden und Distanzen und Sperren überwunden werden müs-sen. Wenn diese Kontaktphase vorbei ist, kristallisiert sich ein festes Interaktions-gefüge heraus. In ihm widerspiegelt sich das Spiel der sozial-emotionalen Kräfte. Einblick in diese Gruppenstruktur erhält man durch sorgfältige Verhaltensbeob-achtung oder durch einen soziometrischen Test. Letzterer ist ein Messverfahren, mit dessen Hilfe die Beziehungen in der Klasse erfasst werden können (s. Groß-mann 1996, S. 108 ff.). Beispielsweise werden die Schülerinnen und Schüler auf-gefordert, anzugeben, mit wem sie gern eine Reise unternehmen möchten und mit wem auf keinen Fall. Die Wahlen und Ablehnungen lassen sich in Form eines So-ziogramms darstellen. Es gibt Aufschluss über den Grad des Gruppenzusam-menhalts und die Position des einzelnen Schülers in der Gruppe (Führer, Mitläu-fer, Außenseiter). Petillon (1980) hat auf der Basis soziometrischer Untersu-chungsergebnisse folgende Typen gefunden:

Typ 1 = Ausgestoßener
Typ 2 = Abgelehnter
Typ 3 = Unbeachteter
Typ 4 = Unauffälliger
Typ 5 = Anerkannter
Typ 6 = Beachteter
Typ 7 = Star

Trotz der Tatsache, dass die Beziehungen der Gruppenmitglieder phasenweise kon-flikthaft sind, erleben sie sich über kurz oder lang als einander zugehörig, was in der Gruppendynamik als Wir-Gefühl bezeichnet wird. Parallel dazu strebt die Grup-pe nach Konformität der Einstellungen und Verhaltensweisen, was von eher in-dividualistisch orientierten Schülern bisweilen als unangenehm empfunden wird. Zu beobachten ist auch, dass sich Klassen von anderen Klassen abgrenzen, sich für besser halten oder gegen die Fremdgruppe Feindseligkeiten entwickeln. Überhaupt dient die Klasse der Befriedigung verschiedenster affektiver Bedürfnisse.

Obwohl durch die soziale Herkunft und die Persönlichkeit der einzelnen Schü-lerinnen und Schüler Grenzen gesetzt sind, kann die Lehrperson die Gruppenstruktur und Gruppendynamik einer Schulklasse beeinflussen (Memmert 1988). Erste Vor-aussetzung für eine positive Gruppenentwicklung ist, dass der Klasse Grundregeln des Zusammenlebens vermittelt und verdeutlicht werden. An diesem Regellernen sollte man die Klasse aktiv beteiligen, indem man sie am Schuljahresbeginn einen Klassenkodex entwerfen lässt. Auf elementare Regelverletzungen sollte konsequent reagiert werden.

Ausgangspunkt einer solchen Entwurfsarbeit ist die Leitfrage „Was dürfen dir die anderen nicht antun?" Die Schülerinnen und Schüler schreiben ihre Wünsche und Erwartungen in einer kurzen Stillarbeit auf Karten (pro Schüler 1–2 Karten). Anschließend werden die Karten vorgelesen und auf einer Stellwand zu inhaltlich ähnlichen Wünschen gruppiert. Die Gruppen erhalten regelartige, positiv formulierte Überschriften in der Wir-Form. Endprodukt ist ein aus diesen Überschriften bestehendes Regelposter, das gut sichtbar an der Wand des Klassenzimmers befestigt wird. Als Beispiel sei der folgende Kodex genannt:

◆ Wir gehen fair miteinander um.
◆ Wir achten uns.
◆ Wir hören einander zu.
◆ Wir äußern Kritik friedlich.
◆ Wir sind höflich.
◆ Wir sind ehrlich.
◆ Wir haben Verständnis füreinander.

Auf diesen Klassenkodex kann während des Schuljahres immer wieder Bezug genommen werden, und zwar vor allem dann, wenn Regeln verletzt worden sind. Die Regelverletzung ist der Ausgangspunkt eines klärenden Dialogs, den die Klasse unter Moderation der Lehrperson führt. Die Grundidee der selbstständigen Regelerstellung ist dem Just-Community-Konzept von Kohlberg (1996) entnommen. Nach seinen Erkenntnissen und Erfahrungen halten sich Schülerinnen und Schüler eher an Regeln, wenn sie diese selber entwickeln und gestalten dürfen.

Wer zusammen mit der Klasse den oben beschriebenen Klassenkodex entwickelt, sollte ihn der Klassenelternschaft am nächsten Elternabend vorstellen. Er ist ein motivierender Anlass, um über das Sozialverhalten der Klasse zu reflektieren und darauf aufbauend zu überlegen, wie Sozialerziehung gemeinsam praktiziert werden kann.

In der ersten Phase der Gruppenbildung verdient auch die Gruppenstruktur besonderes Augenmerk. Ergeben die Beobachtungen, dass Schülerinnen und Schüler ausgegrenzt werden oder sich gegenseitig befehdende Cliquen bilden, sind intensive sozialintegrative Maßnahmen nötig. Erweist sich der Interaktionsstil als problematisch, sollten soziale Lernübungen durchgeführt werden. Nicht zuletzt wird die Gruppenentwicklung zusätzlich durch gemeinsame Aktivitäten wie Klassenfeste, Projekte und Gruppenunterricht gefördert. Resultat solcher Bemühungen kann eine effektive Gruppe sein, die nach Stanford (1980, S.13) folgende Merkmale aufweist:

◆ Die Gruppenmitglieder verstehen und akzeptieren sich.
◆ Die Kommunikation ist offen.
◆ Die Mitglieder fühlen sich für ihr Lernen und Verhalten verantwortlich.
◆ Die Mitglieder kooperieren miteinander.
◆ Müssen Entscheidungen getroffen werden, gibt es festgelegte Verfahrensregeln.
◆ Die Mitglieder sind fähig, sich offen mit Problemen auseinander zu setzen und ihre Konflikte auf konstruktive Weise zu lösen.

Leider gibt es Klassen, die den Weg von der Machtkampfphase am Beginn der Gruppenentwicklung bis zur relativen Stabilität nicht schaffen, sondern im einem Zustand permanenter Konflikte und Streitigkeiten verbleiben. Dies sollte den Klassenlehrer und sein Lehrerteam nicht resignieren lassen. Jetzt wäre eine systematische Ist- und Soll-Analyse zusammen mit der Klasse angebracht. Mitschka (1997) schlägt hierzu die Durchführung einer anonymen Befragung vor, die sich auf folgende Feststellungen und Fragen (leicht modifiziert) konzentrieren sollte:

1. Das ist in unserer Klasse gut.
2. Das ist derzeit das Kernproblem in unserer Klasse.
3. Was können die Lehrer zur Lösung des Problems beitragen?
4. Was können die Eltern tun?
5. Was kann ich, was können wir tun?

Die Ergebnisse dieser Befragung werden zunächst einmal in einer pädagogischen Konferenz besprochen und interpretiert. Die nächsten Schritte zur Problemlösung könnten so aussehen:

Modell A: Die Lehrer einigen sich in derselben pädagogischen Konferenz unter starker Berücksichtigung der Schülervorschläge auf Lösungsbeiträge. Die Schülerinnen und Schüler stimmen in einer Schülerkonferenz unter Moderation des Klassenlehrers ab, welche Lösungsideen sie verwirklichen möchten. Und die Eltern entscheiden auf einem Elternabend darüber, wie sie sich an der Problemlösung beteiligen, wobei auch sie sich an den Vorschlägen der Schüler orientieren sollten.

Modell B: Es findet eine Lehrer-Schüler-Eltern-Konferenz statt, die vom Klassenlehrer moderiert wird. Am Konferenzbeginn schildert dieser nochmals kurz die Klassenproblematik. Dann präsentiert er die Befragungsergebnisse – möglichst in prägnanter Form auf Postern. Im Gefolge davon werden die Ergebnisse reflektiert. Entweder durch Vergabe von Klebepunkten oder durch Abstimmung mit einem Stimmzettel, auf den jeder die beste Lösungsidee schreibt, wird ein Maßnahmenkatalog vereinbart. Aus diesem muss klar hervorgehen, wer (Lehrer, Eltern, Schüler) was wann tut. Die Änderungsziele üben mehr Zugkraft aus, wenn sie in Form einer schriftlichen Vereinbarung (Kontrakt) festgehalten werden.

Egal, ob die Problemlösung nach dem Modell A oder nach dem Modell B angepackt wird, sie muss zu einem späteren Zeitpunkt erfolgskontrolliert werden. Das heißt, dass die Frage beantwortet wird, ob die vereinbarten Maßnahmen zu einer Verbesserung des Klassenklimas und des Klassenverhaltens geführt haben. Gegebenenfalls muss der Maßnahmenkatalog nochmals geändert werden.

Weiterführende Literatur
Keller, G./Hafner, K.: Soziales Lernen will gelernt sein! Lehrer fördern Sozialverhalten. Donauwörth 1999.
Korte, J.: Sozialverhalten ändern! Aber wie? Ideen und Vorschläge zur Förderung sozialen Verhaltens an Schulen. Weinheim und Basel 1996.
Korte, J.: Stundenentwürfe zur sozialen Unterweisung. Verhalten erkunden, erörtern und trainieren. Weinheim und Basel 1997.

Der Klassenfragebogen

Mit diesem Frageboden könnt ihr eure Klasse und euer Klassenverhalten einschätzen. Aus dem Ergebnis der Befragung lässt sich ersehen, was bei euch
gut klappt und was noch verbessert werden muss. Die Befragung ist anonym,
weshalb du deinen Namen nicht angeben musst. Kreuze immer die Antwort
an, die aus deiner Sicht auf deine Klasse zutrifft.

		immer	oft	manch-mal	selten	nie
1.	Wir fühlen uns in unserer Klasse wohl.	5	4	3	2	1
2.	Wir haben Vertrauen zueinander.	5	4	3	2	1
3.	Wir achten uns gegenseitig.	5	4	3	2	1
4.	Wir können einander gut zuhören.	5	4	3	2	1
5.	Wir kommen gut miteinander aus.	5	4	3	2	1
6.	Streitigkeiten lösen wir friedlich.	5	4	3	2	1
7.	Wir trauen uns, unsere Meinung frei zu äußern.	5	4	3	2	1
8.	Wir fühlen uns für unsere Klasse verantwortlich.	5	4	3	2	1
9.	Vereinbarte Regeln halten wir ein.	5	4	3	2	1
10.	Wir können gut zusammenarbeiten (z. B. Partner- oder Gruppenarbeit)	5	4	3	2	1
11.	Wir helfen uns gegenseitig.	5	4	3	2	1
12.	Bei Streitigkeiten können wir uns einigen.	5	4	3	2	1
13.	Wir bemühen uns darum, den an-deren aus seiner Sicht zu verstehen.	5	4	3	2	1
14.	Wir kümmern uns um alle in der Klasse.	5	4	3	2	1
15.	Wir trösten uns, wenn es uns schlecht geht.	5	4	3	2	1
16.	Wir treffen uns auch außerhalb desUnterrichts (z. B. zu Klassen-festen, Geburtstagsfeiern).	5	4	3	2	1

4.7 Konstruktive Schule-Eltern-Kommunikation

Die Schule ist eine Institution der Gesellschaft, in deren Auftrag Kenntnisse, Fertigkeiten und Werte vermittelt werden – zum Wohle der Entwicklung von Kindern und Jugendlichen.

Die Erziehungsarbeit von Elternhaus und Schule ist untrennbar. Dieser von Pestalozzi im Stanser Brief (1799) geprägte Satz sollte angesichts schwieriger Erziehungsbedingungen und zahlreicher Lern- und Erziehungsprobleme zur Richtschnur der Lehrer-Eltern-Beziehung werden.

Pflege und Erziehung der Kinder sind nach Artikel 6 des Grundgesetzes das natürliche Recht und die oberste Pflicht der Eltern. Die Schule ergänzt diese familiäre Arbeit im Rahmen ihres Erziehungs- und Bildungsauftrages.

„Wenn Lehrer und Eltern miteinander reden, dient ein solches Gespräch dazu, die beiden kindlichen Lebensbereiche zu vereinen, das Zuhause und die Schule."
Rudolf Dreikurs

Die Eltern haben Rechte wie z. B. das Recht auf angemessene Information durch die Schule, auf fristgemäße Mitteilung von Ordnungsmaßnahmen oder auf die Mitgestaltung des schulischen Lebens. Keinen Einfluss haben die Eltern auf die Gestaltung des Unterrichts, auf die Beschaffung von Lehr- und Lernmitteln oder auf die Auswahl der Lehrkräfte. Eltern haben auch Pflichten wie die Schulanmeldung, die Überwachung des Schulbesuchs und der Erledigung der Hausaufgaben, die Einholung von Leistungs- und Verhaltensinformationen, die Entschuldigungspflicht bei Schulversäumnissen oder die Kenntnisnahme schulischer Mitteilungen (z. B. Zeugnisse).

Die Kooperation zwischen Elternhaus und Schule bedarf zweifelsohne einer rechtlichen Basis in Form von Paragraphen und Verwaltungsvorschriften. Damit daraus eine echte, vertrauensvolle und fruchtbare Zusammenarbeit wird, müssen Schule und Eltern miteinander ins Gespräch kommen und bleiben. Eine gute Lehrer-Eltern-Kommunikation setzt zunächst voraus, dass beide Erziehungspartner die Frage klären, ob sie tatsächlich den engeren und intensiveren Kontakt möchten. Ist diese Frage ehrlich und positiv beantwortet, sollten sich Lehrerinnen und Lehrer sowie Eltern um einen guten Kommunikationsstil bemühen. Dies heißt, dass sie sich gegenseitig als Menschen achten, den anderen aus dessen Perspektive verstehen lernen und ein Mindestmaß an Offenheit praktizieren. Mit dieser Grundhaltung fällt der Gang zu den folgenden Kommunikationsorten leichter:

- Elternsprechstunde beim Klassenlehrer, Fachlehrer oder Schulleiter,
- Elternsprechstunde beim Beratungslehrer oder Schulpsychologen,
- Elternsprechtag,
- Elternabend,
- Elternversammlung auf Stufen- oder Schulebene,
- Elternbeirat,
- Schulversammlung,
- Tag der offenen Tür.

Eine besondere Stellung im Kooperationsfeld „Elternhaus und Schule" haben die Klassen-Elternvertreter und der Elternbeirat. Ihre Aufgabe besteht darin, Interessen zu vertreten, die Kommunikation zu pflegen, Wünsche, Anregungen und Beschwerden zu sammeln und weiterzugeben sowie Konflikte lösen zu helfen.

Sind die grundlegenden Kontaktbrücken gebaut, sollte die Beziehung zwischen Elternhaus und Schule in Richtung einer lebendigen Schulgemeinde weiterentwickelt werden. Als Wege zu diesem Wunschziel bieten sich an:

- laufender Austausch auf den Ebenen „Klassenelternvertreter-Klassenlehrer" sowie „Elternbeirat-Schulleitung",
- die gemeinsame Erarbeitung eines Erziehungskonsenses,
- Transparenz und Information im Werdeprozess wichtiger Schulentscheidungen,
- regelmäßige Besprechung des Lern- und Sozialverhaltens der Klassen,
- Elternabende zu pädagogisch-psychologischen Themen,
- Elternbriefe,
- Hausbesuch bei gravierenden Konfliktfällen,
- Elternstammtische,
- Lehrer-Eltern-Schülertreffen (Grillfest),
- gemeinsame Planung und Durchführung von Schulfesten,
- Gründung eines Fördervereins,
- Mitarbeit der Eltern an Projekttagen,
- gemeinsame Aktionen (z. B. Schulhausverschönerung, Pausenhofgestaltung),
- gemeinsamer Pädagogischer Tag.

Weiterführende Literatur
Hennig, C./Ehinger, W.: Das Elterngespräch in der Schule. Von der Konfrontation zur Kooperation. Donauwörth 1999.
Kowalczyk, W./Häring, H.-G.: Guten Abend: Elternabend! Tipps und Hilfen für den kreativen Elternabend. Lichtenau 1996.

Programmbeispiel eines gemeinsamen Pädagogischen Tages

„Erziehungspartnerschaft: Elternhaus und Schule"

8.30   Begrüßung
       Vorstellung des Programms

8.45   Impulsreferat und Einführung in die Gruppenarbeit im Plenum

9.30   Elternhaus und Schule: eine Stärken-Schwächen-Analyse der bisherigen Zusammenarbeit (Gruppenarbeit; Fixierung der Ergebnisse auf Postern)

11.15 Ergebnispräsentation und Zusammenfassung im Plenum

12.00 Mittagessen

13.45 Einführung in die Gruppenarbeit im Plenum

14.00 Worauf sollten wir bei der Erziehung unserer Kinder gemeinsam achten? (Ideensammlung in gemischten Eltern-Lehrergruppen; Fixierung der Ergebnisse auf Postern)

15.15 Pause

15.30 Ergebnispräsentation und Zielvereinbarungen im Plenum

16.45 Ende

4.8 Entwicklung eines Schulkodex

Kinder und Jugendliche haben ein unfertiges Regelbewusstsein beziehungsweise noch kein voll entwickeltes Gewissen. Deshalb sind sie angewiesen auf Orientierungen, Normverdeutlichungen, Warnschilder und Grenzziehungen. Außerdem gilt die Erkenntnis: Je komplexer eine Gemeinschaft, desto mehr sind ihre Mitglieder auf einen unmissverständlichen Verhaltenskodex angewiesen.

> *„Ein Grundkanon akzeptierter Werte und Normen muss der gesamten Schulgemeinschaft als Orientierungshilfe dienen."*
> *Jochen Korte*

Der Verhaltenskodex einer Schule, im Folgenden Schulkodex genannt, sollte vor allem möglichst positiv formulierte Regeln für Schülerinnen und Schüler, Lehrerinnen und Lehrer sowie Eltern enthalten. Ein Musterbeispiel hierfür ist die Schulordnung der Freiherr-vom-Stein-Schule in Hessisch Lichtenau (s. S. 76 ff.). Möglich ist es auch, in diesen Kodex spezielle Gebote und Verbote, die zur Sicherung der funktionellen Abläufe und zum Schutz der körperlichen und seelischen Unversehrtheit von Schülerinnen und Schülern notwendig sind, einzubauen.

Ein Schulkodex, der akzeptiert werden möchte, muss von der Lehrer-, Schüler- und Elternschaft gemeinsam entwickelt werden. Hierzu sollte man eine paritätisch zusammengesetzte Projektgruppe bilden. Diese könnte als erstes eine Erhebung durchführen, deren Befragungsziel es ist, herauszufinden, was man an positiven Verhaltensweisen erwartet und wo Grenzziehungen nötig sind. Ausgehend von den Ergebnissen erarbeitet die „Kodex-Gruppe" einen Entwurf, der in den Schulgremien so lange besprochen wird, bis eine konsensfähige Endversion verabschiedet werden kann.

Der Schulkodex muss nach der Verabschiedung sorgfältig multipliziert werden. Eine intensive Verdeutlichung muss auf der Klassenebene sowohl im Unterricht als auch am Elternabend stattfinden. Diese Maßnahme sollte wiederholt werden, wenn sich herausstellt, dass die Schülerinnen und Schüler den Schulkodex nicht verinnerlicht haben.

Die Normvermittlung kann durch folgende Aktionen zusätzlich gefördert werden:

◆ Entwurf einer motivierend gestalteten Kurzbroschüre,
◆ Entwurf von Plakaten und Piktogrammen im Kunstunterricht,
◆ thematische Einbettung in einzelne Fächer.

Ob die im Schulkodex enthaltenen Regeln tatsächlich auch eingehalten werden, hängt letztlich vom pädagogischen Handeln der Lehrerinnen und Lehrer ab. In den Aggressionsstudien der letzten Jahre haben Schülerinnen und Schüler die Inkonsequenz der Erwachsenen besonders häufig als Ursache ihres Fehlverhaltens genannt. Wo Regeln verletzt werden, muss konsequent reagiert werden. Das Reaktionsspektrum reicht von grenzziehend-warnenden Normverdeutlichungen bei leichtgradigen Normverstößen bis hin zu Strafen bei wiederholten oder gravierenden Grenzüberschreitungen. Wenn Strafen dem Fehlverhalten angemessen sind und sie die Würde der Person nicht verletzen, sind sie auch wirksam. Je mehr auf Sanktionen verzichtet wird, desto stärker breiten sich in einer Schule Fehlverhaltensweisen aus und desto mehr wird Unrecht zum selbstdefinierten Recht. Das pädagogische Motto muss heißen:

◆ Hinsehen, nicht wegsehen!
◆ Hinhören, nicht weghören!
◆ Wenn nötig, eingreifen!

Weiterführende Literatur
Aurin, K.: Gemeinsam Schule machen. Schüler, Eltern, Lehrer – ist Konsens möglich? Stuttgart 1994
Philipp, E./Rolff, H. G.: Schulprogramme und Leitbilder entwickeln. Ein Arbeitsbuch. Weinheim und Basel 1999[3].

Schulordnung der Freiherr-von-Stein-Schule in Hessisch Lichtenau

In der Freiherr-vom-Stein-Schule (FvS) kommen viele Menschen mit unterschiedlichen Interessen zusammen. Es entstehen Freundschaften und Konflikte. Wir bemühen uns um einen freundlichen, höflichen und respektvollen Umgang und um friedliche Lösung von Konflikten. Dazu ist es nötig, dass wir Vereinbarungen treffen und Regeln einhalten, damit

◆ sich alle wohlfühlen können,
◆ wir zusammenarbeiten können,
◆ es gerecht zugeht,
◆ die Schwächeren nicht zu kurz kommen.

Wir, das sind die Schülerinnen und Schüler, die Eltern und Erziehungsberechtigten, die Lehrerinnen und Lehrer, die Mitarbeiterinnen und Mitarbeiter sowie die Schulleitung der FvS, geben uns deshalb die folgenden Regeln:

Regeln für die Schülerinnen und Schüler

Klassenordnung
1. Gebt euch in eurer Klasse in den ersten Wochen zusätzlich zu dieser Schulordnung eine eigene Klassenordnung.
2. Regelt darin insbesondere folgende Punkte:
   ◆ Verhalten während des Unterrichts
   ◆ Verhalten gegenüber Mitschülern
   ◆ Klassen- und Flurdienste.
3. Die Klassenordnung wird im Klassenzimmer ausgehängt.

Unterricht
1. Unterricht ist nur in einer entspannten und ruhigen Atmosphäre möglich. Wenn dir etwas nicht gefällt, sprich mit dem Lehrer, aber störe den Unterricht nicht.
2. Haltet euch in den kleinen Pausen in eurer Klasse auf. Wechselt die Unterrichtsräume leise und zügig.
3. Sind die Lehrerinnen und Lehrer fünf Minuten nach Unterrichtsbeginn noch nicht in der Klasse, so teilen (nur) eure Klassen- oder Kurssprecher/innen dies sofort dem Sekretariat mit.
4. Bei Selbstbeschäftigung und Stillarbeit arbeitet ihr in euren Klassenräumen, ohne andere Klassen zu stören.

Pausen und Zeit vor dem Unterricht bzw. Freistunden

1. Folgt den Anweisungen der aufsichtsführenden Lehrerinnen und Lehrer.
2. Vor dem Unterricht dürft ihr in eure Klasse oder euren Kursraum gehen. Dort verhaltet euch ruhig. Ihr dürft euch vor dem Unterricht und in den Freistunden auch in der Cafeteria aufhalten.
3. Der Lese- und Arbeitsraum, Raum 44, steht euch ebenfalls zur Verfügung. Hier müsst ihr euch besonders leise verhalten.
4. Verlasst in den großen Pausen die Flurbereiche und die Treppenaufgänge.
5. Die Lifte sind nur für eure körperbehinderten Mitschüler eingebaut.
6. Schneeballwerfen ist wegen der großen Verletzungsgefahr verboten.
7. Ihr dürft das Schulgelände während der Freistunden und Pausen nicht verlassen.

Räume, Gänge und Schulhöfe

1. Wer sich so viele Stunden auf dem Schulgelände aufhält wie wir, möchte eine saubere und angenehme Umgebung vorfinden. Dabei helft bitte mit.
2. Alle Klassen beteiligen sich an der Gestaltung der jeweiligen Flurbereiche nach einem festgelegten Plan. Eure Klasse ist für die Sauberkeit des Klassenzimmers verantwortlich. Der Abfall wird getrennt gesammelt.
3. Verlasst alle Räume und Bereiche besenrein.
4. Solange es die schulischen Gremien gestatten, ist das Rauchen ab 16 Jahren nur in der angewiesenen Raucherecke und mit schriftlicher Erlaubnis der Erziehungsberechtigten erlaubt. Die Raucherecke wird von den jeweiligen Klassen (d. h. deren Raucher/innen) nach einem Plan sauber gehalten.

Schulinventar

1. Mit allem, was dir nicht gehört, solltest du sorgfältig umgehen. Wer etwas zerstört, muss den Schaden ersetzen.
2. Schulbücher sind Eigentum der Schule und müssen einen Schutzeinband haben. Wenn du sie beschädigst oder verlierst, musst du sie ersetzen.
3. Solltest du Zeuge/in einer absichtlichen Zerstörung von Schuleigentum sein, bringe den Mut auf und melde deine Beobachtungen.
4. Grundsätzlich haften deine Eltern oder Erziehungsberechtigten für alle Verluste oder Beschädigungen.

Konflikte

1. Vermeide Beleidigungen, Beschimpfungen und körperliche Gewalt.
2. Bemühe dich um die friedliche Regelung von Konflikten – Gewalt bringt keine Lösung!
3. In den Schulbussen und an Haltestellen ist rücksichtsvolles Verhalten zur Sicherheit aller unbedingt notwendig.

4. Über Schülerkonflikte soll in der Schülergruppe gesprochen werden. Insbesondere die Klassenlehrerinnen und Klassenlehrer sollen bei der Lösung der Konflikte helfen.

5. Bei Konflikten zwischen Schülern und Lehrern hilft der Klassenlehrer/ die Klassenlehrerin.

6. Bei Konflikten, die klassenübergreifend oder in der Klasse selbst nicht lösbar sind, soll der Schlichtungsausschuss angerufen werden. Der Schlichtungsausschuss bildet sich auf der Ebene der Flurbereiche. Jede Klasse eines Flures entsendet eine Schülerin oder einen Schüler und einen Lehrer/ eine Lehrerin in diesen Ausschuss. Im Konfliktfall entscheiden drei Schüler/innen und drei Lehrer/innen, die nicht am Konflikt beteiligt sind. Der Schlichtungsausschuss wird für ein Jahr gewählt. Daneben bleiben als Konfliktlöser weiterhin die Klassenkonferenz und das Schulleitungsteam bestehen.

Bei Verstößen gegen diese Schulordnung musst du mit Ordnungsmaßnahmen rechnen!

Regeln für Lehrerinnen und Lehrer

1. Lehrerinnen und Lehrer kümmern sich um die Einhaltung dieser Schulordnung und halten sich auch selbst daran.

2. Sie bemühen sich um Gerechtigkeit gegenüber allen Schülerinnen und Schülern.

3. Lehrerinnen und Lehrer kümmern sich um die Schwächeren.

4. Sie sorgen dafür, dass der Unterricht pünktlich beginnt und endet.

5. Klassenarbeiten müssen sinnvoll verteilt und sorgfältig vorbereitet sein. Sie sollen in einem angemessenen Zeitraum zurückgegeben werden.

6. Bei der Hausaufgabenstellung berücksichtigen die Lehrerinnen und Lehrer die jeweilige Situation in der Klasse.

7. Klassenfahrten sind Bestandteil des Unterrichts.

8. In wichtigen Angelegenheiten werden die Eltern unverzüglich unterrichtet, besonders bei unentschuldigtem Fehlen nach drei Tagen.

Mitwirkung durch Erziehungsberechtigte

1. Die Erziehungsberechtigten informieren sich regelmäßig über den Leistungsstand ihrer Kinder.

2. Die Erziehungsberechtigten unterstützen ihre Kinder bei der Bewältigung der schulischen Anforderungen. Sie helfen bei der Beschaffung von notwendigem Arbeitsmaterial und achten auf pflegliche Behandlung von Büchern.

3. Erziehungsberechtigte achten darauf, dass die geforderten Unterschriften/Bescheinigungen rechtzeitig von den Schülerinnen und Schülern abgegeben werden.

4. Bei schlechten Noten bemühen sich die Erziehungsberechtigten, durch Gespräche mit ihren Kindern und deren Lehrern/innen die Ursache herauszufinden und helfen dabei mit, die Ursache zu beseitigen. Lehrer/innensprechzeiten erfolgen nach vorheriger Absprache.

5. Erziehungsberechtigte bemühen sich um eine regelmäßige Teilnahme an Elternabenden, Veranstaltungen und Schulfesten.

6. Einmal im Schuljahr soll ein Elterninformationstag/-abend stattfinden, an dem Eltern sich über die Aktivitäten in der Schule ihrer Kinder informieren können. Dies kann auch auf Jahrgangsebene oder schulstufenbezogen geschehen.

4.9 Innere Schulentwicklung

Innere Schulentwicklung ist gemeinsame und systematische Selbsterneuerung des Klimas, der Inhalte und der Formen pädagogischer Arbeit (Keller 1997). Gemeinsam bedeutet, dass die ganze Schule (Lehrer, Schüler, Eltern) daran beteiligt ist. Systematisch heißt, dass eine gründliche Evaluation, Änderungsplanung und Änderungsarbeit stattfindet.

Innere Schulentwicklung orientiert sich an der Guten Schule, die besonders gekennzeichnet ist durch einen kooperativen Führungsstil, durch ein gemeinsames pädagogisches Konzept, durch die gezielte Förderung der methodischen und sozialen Kompetenz und durch eine offene und einfühlsame Kommunikation.

„Die Schule ist der Motor ihrer Entwicklung."
Per Dalin

Anlass einer Inneren Schulentwicklung können zum einen aktuelle Lern-, Verhaltens- und Kommunikationsprobleme sein. Zum anderen gibt es auch Schulen, die momentan keinen besonderen Leidensdruck empfinden, aber aus innovativer Neugier eine Entwicklung wagen möchten.

Als Entwicklungsthemen sind von den Schulen in den letzten Jahren häufig gewählt worden:

* Evaluation der pädagogischen Arbeit und Entwicklung eines pädagogischen Konzepts/Schulprogramms,
* Weiterentwicklung des Unterrichts bzw. des Lehrens und Lernens,
* Weiterentwicklung der Sozialerziehung bzw. des sozialen Lernens,
* Verbesserung der kollegialen Kommunikation und Kooperation,
* Verstärkung der Zusammenarbeit mit dem Elternhaus,
* Öffnung zum kommunalen und wirtschaftlichen Umfeld.

Eine besondere Bedeutung kommt der Weiterentwicklung des Lehrens und Lernens zu. Erstens heißt dies verstärkte Anwendung schüleraktiver Unterrichtsformen (z. B. Freiarbeit, Gruppenarbeit, Projektarbeit). Zweitens versteht man darunter die systematische Vermittlung von Lern- und Arbeitsmethoden. Und drittens gehören zur Unterrichtsentwicklung auch das gemeinsame Planen, Handeln und Reflektieren im pädagogischen Team.

Innere Schulentwicklung vollzieht sich nicht punktuell, sondern ist ein langer, dynamischer Prozess, der schließlich ein Ergebnis hervorbringen soll. Beispiele für solche Ergebnisse sind ein neues Schulprogramm, ein schüleraktiver Unterricht, mehr Austausch, Abstimmung und Absprache auf Klassenebene oder ein Schulkodex. Diese Ziele sind nur erreichbar, wenn der Prozess des Miteinander-Umgehens und der Zusammenarbeit gut funktioniert.

Für die Prozessbegleitung werdennormalerweise schulexterne Personen engagiert. Die Beraterinnen und Berater sind Helfer zur Selbsthilfe, die den Entwicklungsprozess moderieren, auf die Einhaltung der Entwicklungsschritte achten und für Konfliktlösungen zur Verfügungstehen.

Der Entwicklungsprozess vollzieht sich in folgenden Schritten:

1. Einstiegsphase:
- Leidensdruck oder innovative Neugier,
- Meinungsbildung im Kollegium,
- Konferenzbeschluss,
- Kontaktaufnahme mit den Moderatoren,
- Bildung einer Planungsgruppe.

2. Ist-Analyse:
- Bestandsaufnahme zum Entwicklungsthema (s. Philipp 1995),
- qualitativ (z. B. Kartenabfrage nach der Moderationsmethode),
- quantitativ mit Hilfe einer Fragebogenuntersuchung (s. Rolff u. a. 1998).

3. Änderungsplanung:
- Sammlung von Änderungsideen und Verbesserungsvorschlägen,
- Festlegung von Entwicklungszielen und -maßnahmen,
- Aufgabenverteilung (Wer tut was wann?),
- Bildung einer Steuerungsgruppe.

4. Verwirklichungsphase:
- kontinuierliche Umsetzung der vereinbarten Maßnahmen,
- Koordination durch die Steuerungsgruppe,
- Zwischenbilanzen und Konfliktklärung.

5. Abschluss
- Schlussbilanz,
- gemeinsame Bewertung,
- Institutionalisierung.

Fast alle Kollegien, so der Tenor meiner Prozess-Evaluationen (Keller 1999 und 2000), erleben es trotz mancher Schwierigkeiten und Widerstände als sinnvoll und lohnenswert, die pädagogische Arbeit gemeinsam zu analysieren und darauf aufbauend Änderungsmaßnahmen zu entwickeln. Die Entwicklungsziele und Entwicklungsprogramme übten auf die pädagogische Arbeit positive Zugkräfte aus. Außerdem bewirke der Entwicklungsprozess deutlich positive Änderungen im Schulklima, in der kollegialen Kommunikation und Kooperation und in den pädagogischen Arbeitsleistungen.

Hinsichtlich der Quantität und Qualität der Umsetzung treten größere Unterschiede auf. Es gibt Schulen, die intensive Entwicklungsarbeit leisten und beachtliche Wirkungen erzielen. Dann sind Schulen zu beobachten, die ebenfalls in einen Entwicklungsprozess eingetreten sind, diesen aber kleinschrittig und energiesparend gestalten. Schließlich registriert man auch Schulen, die zwar eine Ist- und Sollanalyse durchgeführt haben, aber sich mit der Umsetzung sehr schwer tun.

Die Entwicklungsprozesse unterscheiden sich auch hinsichtlich der Beteiligungsdichte. In manchen Schulen beteiligt sich der Großteil des Kollegiums an der

Weiterentwicklung (= plenare Schulentwicklung), in anderen wiederum wird der Entwicklungsprozess von Projektteams getragen (= insulare Schulentwicklung). Ein Beispiel für den ersten Entwicklungstyp ist die Umsetzung eines sozialen Verhaltenskodexes auf allen Klassenstufen. Ein Beispiel für den zweiten Entwicklungstyp ist die Förderung der Methoden- und Sozialkompetenz in der Eingangsstufe der weiterführenden Schule.

Aus den praktischen Entwicklungserfahrungen lassen sich Voraussetzungen für das Gelingen eines Entwicklungsprozesses deutlich erkennen:

- Eine Schulentwicklung braucht eine klare Entscheidung des Kollegiums, in deren Vorfeld ein intensiver Dialog stattfindet. In diesem Dialog muss mit Widerständen achtsam und einfühlsam umgegangen werden.
- Es sind Entwicklungsmotoren vonnöten. Dazu gehören sowohl innovationsbereite Schulleiterinnen und Schulleiter als auch besonders engagierte Lehrerinnen und Lehrer.
- Die Entwicklungsarbeit muss fortlaufend koordiniert, reflektiert und bilanziert werden. Hierfür geeignete Kommunikationsorte sind Gesamtlehrer- und Klassenkonferenzen oder eine repräsentativ zusammengesetzte Steuerungsgruppe. Letztere handelt im Auftrag des Kollegiums und ist diesem gegenüber informationspflichtig.
- Für den Weg zum Ziel bedarf es einer „Entwicklungskarte", an der sich die Schule orientiert. Dies kann ein gemeinsam erarbeitetes pädagogisches Konzept sein, ein aus den Entwicklungszielen und den aktuellen Arbeitsschwerpunkten bestehendes Schulprogramm oder ein Leitbild.
- Die Schule benötigt einen innovativen Spielraum, innerhalb dessen sie der Souverän ist. Dies verlangt von der Schule, dass sie die externen Partner über den Prozess transparent informiert. Keine Freiheit ohne Rechenschaft!

Wenn sich Schulen von innen her wirksam weiterentwickeln, darf dies nicht zu einer Reduktion der äußeren Unterstützung führen. Die Gesellschaft und die politisch Verantwortlichen stehen weiterhin in der Pflicht, im Rahmen ihrer Möglichkeiten für bildungsförderliche Strukturen und Ressourcen zu sorgen. Das heißt, dass die äußere und die innere Schulreform aufeinander bezogen bleiben müssen. Zur Verwirklichung einer guten Schule bedarf es einer qualifizierten und engagierten schulinternen Arbeit und einer ideell und materiell ausreichenden externen Unterstützung.

Pädagogische Qualitätsentwicklung

Die pädagogische Arbeit, deren Hauptinhalt das Erziehen und Unterrichten ist, gehört zu den wichtigsten menschlichen Tätigkeiten. Ohne pädagogische Arbeit gäbe es keinen Fortbestand der Gesellschaft, keinen Kulturerhalt und keine Kulturentwicklung. In der Schule geleistete pädagogische Arbeit unterscheidet sich von der außerschulischen durch Zielsetzung, Planmäßigkeit und Professionalität. Die pädagogische Arbeit wird von den Bürgerinnen und Bürgern über die Steuern finanziert. Man kann auch sagen, dass die Schule für das, was sie leistet, Gegenleistungen erhält. Mit diesen Gegenleistungen sind auch Erwartungen an die Qualität der pädagogischen Arbeit verknüpft. Das heißt, dass sowohl die Einzelne Lehrperson als auch die Schule als pädagogische Handlungseinheit sich einer Qualitätsprüfung stellen und je nach Prüfergebnis qualitätssichernde Maßnahmen in Gang setzen müssen. Diese Qualitätsprüfung wird auch als Evaluation bezeichnet. Man unterscheidet zwei zentrale Evaluationsformen:

◆ *Fremdevaluation*: Eine Schule wird durch externe Personen bewertet. Als Evaluierende können Schulräte/Schulinspektoren, Peers (Lehrerinnen und Lehrer anderer Schulen), gemischte Teams (z. B. Schulräte und Peers) sowie Wissenschaftler tätig werden.

◆ *Selbstevaluation*: Das Kollegium führt in Eigen- oder Fremdmoderation eine kritische Bewertung der pädagogischen Arbeit durch. An der Selbstevaluation sollten sowohl die Eltern als auch die Schülerinnen und Schüler beteiligt werden.

Vor dem Hintergrund bisheriger praktischer Erfahrungen ist eine Kombination von Selbst- und Fremdevaluation sehr zu empfehlen. Die Schule startet zunächst mit einer Selbstevaluation. Ein externes Team führt danach eine Fremdevaluation durch. In einer Evaluationskonferenz werden beide Bewertungen miteinander verglichen, Unterschiede herausgearbeitet und reflektiert sowie Konsequenzen und Maßnahmen vereinbart. Möglich ist auch ein Minimalmodell, das keine aufwändige Fremdevaluation durch ein Inspektorenteam vorsieht, sondern einen kritischen Dialog zwischen Schulaufsicht und Schule über den Selbstevaluationsbericht.

Als Evaluationskriterien können Qualitätsindikatoren verwendet werden, die sich in Schulqualitätsstudien (s. Aurin 1991, Steffens/Bargel 1993, Fend 1998) als bedeutsame Indikatoren guter Schulen erwiesen haben:

◆ *führungs- und beratungskompetente Schulleitung*: Zielklarheit, Anerkennung und Würdigung von Lehrer- und Schülerleistungen, Schatzsuche statt Fehlersuche, Transparenz im Werdeprozess wichtiger Schulentscheidungen, Hilfe bei der Lösung von Konflikten, genügend Freiraum für Lehrer und Schüler;

◆ *kooperative Führung*: Bereitschaft zum Teilen von Macht, Delegation von Aufgaben, Beteiligung der Betroffenen, Teamorientierung, teilnehmerzentrierte Konferenzgestaltung;

◆ *gemeinsames pädagogisches Konzept*: Grundkonsens hinsichtlich der Leistungs- und Verhaltenserwartungen, gemeinsam erarbeitete Grundsätze als Arbeitskompass, regelmäßige Reflexion der pädagogischen Arbeit in den Konferenzen;

◆ *Leistungsorientierung*: altersgemäße Ansprüche an das Lern- und Leistungsverhalten, gute Arbeitsmoral, regelmäßige Leistungskontrollen, Lernanreize;

◆ *Lernförderung*: Vermittlung von Lern- und Arbeitsmethoden, regelmäßige Stoffwiederholung, individuelle Lernberatung, schülerzentrierte Unterrichtsformen (Partnerarbeit, Gruppenarbeit, Freiarbeit, Lernzirkel, Projektarbeit);

◆ *Sozialerziehung*: Normverdeutlichung und Grenzziehung, Verhaltenskodex für die ganze Schule, systematisches soziales Lernen, konsequentes Reagieren bei gravierenden Normverletzungen, Garantie des Rechts auf seelische und körperliche Unversehrtheit, Ausbildung von Schüler-Streit-Schlichtern;

- *viele Lehrer-Schüler-Gespräche:* offenes Ohr für Schulprobleme, regelmäßige Klimapflege durch Klassengespräche, Einzelgespräche mit Problemschülern;
- *intensive kollegiale Kommunikation und Kooperation:* offene Kommunikation, einfühlende Anteilnahme, Entlastungsgespräche, gemeinsame Konfliktlösungen, sachlich-fachlicher Austausch, Abstimmung und Absprache auf Klassenebene;
- *schulinterne Lehrerfortbildung:* regelmäßige Pädagogische Tage, fachschaftsinterne Fortbildungen, pädagogische Arbeitskreise;
- *gute Kooperation mit dem Elternhaus:* offenes Ohr für Elternanliegen, frühe Kontaktaufnahme bei Problemen, Achtung und Einbindung der Elternvertretung;
- *reges Schulleben:* Kompensation der Verkopfung durch Feste und Feiern, Fahrten, Schülerausstellungen, Projekttage und karitative Aktionen;
- *Lebensoffenheit*: gute Beziehungen zum kommunalen Umfeld, zur Berufs- und Arbeitswelt, zu psychosozialen Einrichtungen;
- *förderliche Schulumwelt:* regelmäßige Pflege des Schulgebäudes und der Außenanlagen, freundlich gestaltete Klassenzimmer, schülergerechter Pausenhof mit Bewegungs- und Spielmöglichkeiten.

An Evaluationsmethoden kommen in Frage (Eikenbusch 1998, Kempfert/Rolff 1999):
- Ist- und Soll-Analyse der pädagogischen Arbeit in selbstmoderierten Kleingruppen mit anschließender Präsentation und Integration (s. S. 85ff.),
- Qualitätsaudit mit einem Leitfaden (Stern/Döbrich 1999),
- Fragebogenuntersuchung mit dem IFS-Schulbarometer (Institut für Schulentwicklungsforschung 2000, s. S. 88),
- teilnehmende Beobachtung durch externe Experten (Kempfert/Rolff 1999),
- Dokumentenanalyse (z. B. Auswertung von Schulstatistiken).

Evaluationsdaten werden auf sehr unterschiedliche Art und Weise weiterverarbeitet. Sie können die Basis sein, auf der das Kollegium Maßnahmen zur Qualitätsverbesserung entwirft, beschließt und umsetzt. Es ist auch möglich, dass die Schulbehörde die Daten analysiert und zusätzliche systemsteuernde Maßnahmen ableitet.

Evaluation darf nicht nur als punktuelle Bewertungsmaßnahme verstanden werden, die in größeren Zeitabständen durchgeführt wird, sondern sie ist vor allem als permanenter Prozess zu verstehen. Beispiele hierfür sind:
- regelmäßige Bewertung des Leistungs- und Sozialverhaltens in der Klassenkonferenz,
- regelmäßige Reflexion der pädagogischen Arbeit in Gesamtlehrerkonferenzen,
- bilanzierende Arbeitsrückschau am Halbjahres- und Schuljahresende,
- gemeinsame Unterrichtsanalysen nach dem Hospitationsmodell,
- gemeinsame Analyse der Schulstatistik (z. B. der Anmeldestatistiken),
- Feedback-Gespräche und Feedback-Untersuchungen mit der Klasse,
- Feedback-Sitzungen mit der Klassenelternschaft oder dem Elternbeirat,
- Abnehmer-Befragungen,
- Durchführung standardisierter Leistungstests.

Die Ist- und Soll-Analyse der pädagogischen Arbeit

Jede Schule sollte von Zeit zu Zeit (etwa alle fünf Jahre) eine Ist-Analyse ihrer pädagogischen Arbeit durchführen und aufbauend darauf überlegen, wie die pädagogische Arbeit weiterentwickelt werden kann. Für die Bestandsaufnahme der pädagogischen Arbeit bietet sich eine Stärken-Schwächen-Analyse an, die folgendermaßen ablaufen kann:

Das Kollegium teilt sich in Gruppen auf und bearbeitet zwei Leitfragen:

◆ Was sind die Stärken unserer pädagogischen Arbeit?

◆ Wo liegen die Schwächen unserer pädagogischen Arbeit?

Die Ergebnisse werden auf Postern fixiert. Im Plenum werden die Gruppenarbeitsergebnisse ausgetauscht, reflektiert und zu einer Ist-Analyse zusammengefügt. Dabei wird auch analysiert, wo die konzeptionellen Schwächen liegen. In einer weiteren Gruppenarbeitsphase wird gemeinsam überlegt, wie die pädagogische Arbeit weiterentwickelt werden kann. Im Plenum werden die Änderungsvorschläge dann vorgestellt, nach ihrer Realisierbarkeit bewertet und in ein Änderungskonzept integriert. Abschließend werden Zielvereinbarungen getroffen und es wird geklärt, wer was wann tut.

Einen Einblick in eine Ist- und Soll-Analyse gewähren die zentralen Ergebnisse des Evaluationstages einer Grund- und Hauptschule:

Ist-Analyse
Stärken

◆ Wir-Gefühl, Offenheit, Humor

◆ Beziehung: Schulleitung-Kollegium

◆ Pädagogisches Engagement

◆ Integration der Jungen und der Fachlehrer

◆ Qualifikationsbreite

◆ Projekttage

Schwächen

◆ Umgang der Schüler problematisch

◆ Schulidentifikation der Schüler zu schwach

◆ Mangel an Ordnungssinn, Verantwortung und Pünktlichkeit

◆ Mangelnde Lernmotivation und Lerntechnik

◆ Grenzziehung zu unterschiedlich, Abstimmungsprobleme, Inkonsequenz

◆ Unwirtliche Schulumwelt

◆ Zu wenig Kooperation mit dem Elternhaus

Soll-Analyse/Änderungsprogramm

◆ Mehr Austausch und Abstimmung auf Klassenebene

◆ Eine neue Schulordnung entwerfen

◆ Mehr Verantwortung für das gemeinsame Ganze (Pünktlichkeit, Verantwortungsbereitschaft, Sauberkeit)

- Die Zusammenarbeit mit dem Elternhaus verbessern
- Das Lernverhalten gezielter fördern
- Das Schulhaus verschönern

An der Präsentation und Reflexion der Ist- und Soll-Analyse kann auch die externe qualitätsverantwortliche Institution (Schulamt, Oberschulamt) teilnehmen. Somit ist es möglich, die Selbstevaluation im kritischen Dialog mit der externen Einschätzung zu vergleichen und zu reflektieren. Voraussetzung ist, dass die anwesende Person die Schule gut kennt und sich durch Hospitationen Einblick in den Schulalltag verschafft hat. Minimum einer transparenten Selbstevaluation wäre, dass die Schule die wesentlichen Ergebnisse der Ist- und Soll-Analyse in Form eines Berichts an die Schulaufsicht offen legt.

Der Selbstevaluation muss eine Innere Schulentwicklung folgen. Konkret bedeutet dies, dass die vereinbarten Änderungsziele in die tägliche Erziehungs- und Unterrichtsarbeit umgesetzt werden. Entscheidend gefördert wird die Verwirklichung durch intensive kollegiale Kommunikation und Kooperation sowie durch regelmäßige gemeinsame Reflexion in den Konferenzen. Die Umsetzung der Änderungsmaßnahmen sollte von einer Steuerungsgruppe, der die Schulleitung und Vertreter des Kollegiums angehören, beobachtet und koordiniert werden. Falls es zu Umsetzungsschwierigkeiten kommt, kann das Moderationsteam angefordert werden.

Spätestens nach einem halben Schuljahr muss eine Bilanzierung unter externer Moderation stattfinden. Es wird gemeinsam erörtert, welche Ziele verwirklicht werden konnten und welche nicht, warum es zu Schwierigkeiten gekommen ist, welche Auswirkungen auf das kollegiale Miteinander, auf das Schulklima sowie auf das Lern- und Sozialverhalten der Schüler zu beobachten sind. Gegebenenfalls muss das Änderungsprogramm modifiziert werden.

Schulevaluationsbogen

Bewerten Sie Ihre Schule in den folgenden Qualitätsbereichen

	sehr gut	gut	mäßig	schlecht
Führungsverhalten der Schulleitung	4	3	2	1
Schulorganisation	4	3	2	1
Gesamtlehrerkonferenzen	4	3	2	1
Klassenkonferenzen	4	3	2	1
Pädagogischer Grundkonsens	4	3	2	1
Erziehungsverhalten	4	3	2	1
Anspruchsniveau	4	3	2	1
Lehrmethodik	4	3	2	1
Unterrichtsdisziplin	4	3	2	1
Schülerleistungen	4	3	2	1
Schülermotivation	4	3	2	1
Lernen lernen	4	3	2	1
Soziales Lernen	4	3	2	1
Schulordnung	4	3	2	1
Lehrer-Schüler-Kommunikation	4	3	2	1
Kollegiale Kommunikation u. Kooperation	4	3	2	1
Schulinterne Lehrerfortbildung	4	3	2	1
Kommunikation mit dem Elternhaus	4	3	2	1
Schulleben	4	3	2	1
Beziehungen zum außerschulischen Umfeld	4	3	2	1
Schulbudget	4	3	2	1
Schulumwelt	4	3	2	1

Das IFS-Schulbarometer: ein wichtiges Evaluationsinstrument

Das IFS-Schulbarometer ist ein am Institut für Schulentwicklungsforschung der Universität Dortmund entwickeltes und erprobtes Instrument zur Erfassung der Schulwirklichkeit. Es bietet der einzelnen Schule die Möglichkeit, eine innerschulische Bestandsaufnahme verschiedener Schulaspekte aus Lehrer-, Schüler- und Elternsicht durchzuführen. Zusätzlich kann diese Bestandsaufnahme mit Daten aus einem repräsentativen Bundesdurchschnitt verglichen werden. Das IFS-Schulbarometer eignet sich zur Selbstevaluation von Schulen und als Impulsgeber für Schulentwicklung.

Das Befragungsinstrument enthält einen:

◆ Fragebogen für Lehrerinnen und Lehrer (L)
◆ Fragebogen für Schülerinnen und Schüler (S)
◆ Fragebogen für Eltern (E)

Die einzelnen Items sind als geschlossene Aussagen formuliert, die mit drei- bis sechsstufigen Skalen bewertet werden. Zusätzlich gibt es einige offene Fragen, die frei beantwortet werden können. Viele Fragenbereiche ermöglichen Vergleiche mit Durchschnittsdaten bzw. mit Durchschnittsschulen. Darüber hinaus sind bei verschiedenen Frageblöcken direkte Vergleiche der Lehrer-, Schüler- und Elternperspektive möglich. Für die Auswertung steht ein Auswertungsprogramm zur Verfügung.

Das IFS-Schulbarometer muss nicht komplett eingesetzt werden. Es ist möglich, nur jene Fragebogenbereiche zu verwenden, die für die jeweilige Schule von besonderem Interesse sind. Es können auch Fragen verändert und neue Fragen formuliert werden. Diese Modifikationen sind leicht durchzuführen, da zusammen mit dem Fragebogen auch eine elektronische Version auf Diskette mitgeliefert wird.

Mit dem Kauf erwirbt die Schule das Recht, für ihre Zwecke mit dem Instrument frei umzugehen und eine erforderliche Anzahl von Kopien anzufertigen. Eine Weitergabe des Barometers an andere Schulen und Institutionen ist nicht gestattet.

Das IFS-Schulbarometer ist komplett mit Disketten bei folgender Adresse kostengünstig zu beziehen:

Institut für Schulentwicklungsforschung
IFS-Verlag
44221 Dortmund
Tel.: 0231/755-5505
Fax: 0231/755-5517

Schülerbefragung

Wir möchten gerne von euch wissen, wie ihr uns erlebt und wie ihr unsere Arbeit mit euch empfunden habt.

Beantwortet bitte die folgenden Fragen:

1. Ich habe mich bisher in meiner Klasse wohl gefühlt.

   trifft zu ❏   teils – teils ❏   trifft nicht zu ❏

2. Unsere Klassengemeinschaft ist gut.

   trifft zu ❏   teils – teils ❏   trifft nicht zu ❏

3. Der Umgangston unter uns Schülerinnen und Schülern war

   eher freundlich ❏   teils – teils ❏   eher unfreundlich ❏

4. Ich bin mit meinen Schulleistungen zufrieden.

   trifft zu ❏   teils – teils ❏   trifft nicht zu ❏

5. Die Lehrerinnen und Lehrer erklärten den Stoff gut.

   trifft zu ❏   teils – teils ❏   trifft nicht zu ❏

6. Die Lehrerinnen und Lehrer haben uns auch gezeigt, wie man wirksam lernt.

   trifft zu ❏   teils – teils ❏   trifft nicht zu ❏

7. Die Lehrerinnen und Lehrer waren nett zu uns.

   trifft zu ❏   teils – teils ❏   trifft nicht zu ❏

8. Die Lehrerinnen und Lehrer hatten ein offenes Ohr für unsere Probleme.

   trifft zu ❏   teils – teils ❏   trifft nicht zu ❏

9. Die Lehrerinnen und Lehrer haben uns auch gezeigt, wie man sorgsam miteinander umgeht.

   trifft zu ❏   teils – teils ❏   trifft nicht zu ❏

10. Die Lehrerinnen und Lehrer haben den Unterricht interessant gestaltet.

    trifft zu ❏   teils – teils ❏   trifft nicht zu ❏

Programmbeispiel eines Evaluationstages

„Unsere pädagogische Arbeit: Bestandsaufnahme und Weiterentwicklung"

8.30 Uhr	Begrüßung und Vorstellung des Programms
8.45 Uhr	Impulsreferat und Einführung in die Gruppenarbeit (Plenum)
9.30 Uhr	Unsere pädagogische Arbeit – eine Stärken-Schwächen-Analyse (Gruppenarbeit, Fixierung der Ergebnisse auf Postern)
11.00 Uhr	Pause
11.15 Uhr	Präsentation und Zusammenfassung der Arbeitsergebnisse (Plenum)
12.00 Uhr	Mittagessen
13.30 Uhr	Wie kann unsere pädagogische Arbeit weiterentwickelt werden? (Einführung im Plenum, Ideensammlung in Gruppen, Fixierung der Gruppenarbeitsergebnisse auf Postern)
15.15 Uhr	Pause
15.30 Uhr	Ergebnispräsentation, Integration in ein Änderungsprogramm und Zielvereinbarungen (Plenum)
17.00 Uhr	Ende

Kommunikations- und Kooperationsentwicklung

Jede Schule sollte von Zeit zu Zeit (etwa alle fünf Jahre) unter externer Moderation eine Ist-Analyse ihrer kollegialen Kommunikation und Kooperation durchführen und darauf aufbauend überlegen, wie sie weiterentwickelt werden kann. Da die Wahrnehmungen der Kollegiumsmitglieder oft impliziter Art sind, müssen sie zunächst explizit gemacht werden. Hierzu bietet sich eine Stärken-Schwächen-Analyse an, die folgendermaßen ablaufen kann:

Das Kollegium teilt sich in Gruppen auf und bearbeitet zwei Leitfragen:

◆ Was sind die Stärken unserer Kommunikation und Kooperation?
◆ Wo liegen die Schwächen unserer Kommunikation und Kooperation?

Die Ergebnisse werden auf Postern fixiert. Im Plenum werden die Gruppenarbeitsergebnisse ausgetauscht und zu einer Bestandsaufnahme zusammengefügt.

In einer weiteren Gruppenarbeitsphase wird gemeinsam überlegt, wie das Miteinander weiterentwickelt werden kann. Hierzu werden Verbesserungsvorschläge ausgearbeitet. Diese werden im Plenum vorgestellt, nach ihrer Realisierbarkeit bewertet und in ein Änderungsprogramm integriert. Abschließend werden Zielvereinbarungen getroffen und es wird geklärt, wer was wann tut.

Wie das Gesamtbild einer Ist- und Soll-Analyse an einem Kommunikations-Entwicklungstag aussehen kann, soll am Beispiel eines Gymnasiums aufgezeigt werden:

Ist-Analyse

Stärken

◆ viel Engagement
◆ Geselligkeit
◆ Anteilnahme
◆ unkomplizierter Umgang
◆ spontane Absprachen
◆ Lern- und Experimentierfreude

Schwächen

◆ fehlendes pädagogisches Gesamtkonzept
◆ teilweise zu viel Unterschiedlichkeit
◆ zu wenig Lob/Anerkennung durch Schulleitung
◆ zu schwacher Informationsfluss
◆ zu wenig Delegation
◆ Mitsprachemöglichkeiten teilweise zu gering
◆ manchmal zu viel Nähe
◆ zu wenig pädagogische Gespräche

Soll-Analyse/Änderungsprogramm

◆ mehr Lob, Anerkennung, Wertschätzung
◆ mehr Delegation
◆ offenere Kommunikation
◆ mehr Mut zum Feedback
◆ mehr persönliche Psychohygiene
◆ Schularbeitsplan, Informationsbuch, Transparenz der Termine
◆ mehr Mitsprachemöglichkeiten
◆ mehr pädagogischer Austausch
◆ Entwurf eines gemeinsamen pädagogischen Konzepts (nächster Pädagogischer Tag)

Der Ist-Analyse und Änderungsplanung muss die Realisierung folgen. Konkret bedeutet dies, dass die vereinbarten Änderungsziele in die tägliche Kommunikation und Kooperation umgesetzt werden. Entscheidend gefördert wird die Verwirklichung durch regelmäßige gemeinsame Reflexion (Meta-Kommunikation) in den Konferenzen. Die Umsetzung der Änderungsmaßnahmen sollte von einer Steuerungsgruppe, der die Schulleitung und Vertreter des Kollegiums angehören, beobachtet und koordiniert werden. Falls es zu Umsetzungsschwierigkeiten kommt, kann die externe Begleitung angefordert werden.

Spätestens nach einem halben Schuljahr muss eine Bilanzierung stattfinden. An dieser muss die externe Begleitung teilnehmen. Es wird gemeinsam erörtert, welche Ziele verwirklicht werden konnten und welche nicht, warum es zu Schwierigkeiten gekommen ist, welche Auswirkungen auf das persönliche Befinden zu beobachten sind. Gegebenenfalls muss das Änderungsprogramm modifiziert werden. Zu empfehlen ist, nach dieser Zwischenbilanz das Kommunikationsklima immer mal wieder in Form von Wetterberichten zu messen und daraus klimaförderliche Maßnahmen abzuleiten.

Wenn sich ein Kollegium mit sich selbst beschäftigt, heißt dies nicht, dass daraus eine unendliche Selbstanalyse werden muss. Dies wäre für eine Schulseele zuviel des Guten. Aus einer heilsamen kann irgendwann eine krankmachende Selbstzentrierung werden. Kommunikationsentwicklung ist eine zeitlich begrenzte Maßnahme, die kollegiale Beziehungen so verändert, dass es sich in diesem Klima angenehmer und wirksamer arbeiten lässt. Auf einer guten Beziehungsebene lässt sich auch die pädagogische Schulentwicklung (Klippert 2000) leichter praktizieren. Darunter ist vor allem die Weiterentwicklung der Methoden- und Sozialkultur einer Schule zu verstehen.

Abschließend sei noch darauf hingewiesen, dass eine kollegiale Kommunikationsentwicklung auch die Stressverarbeitung fördert (s. Hennig/Keller 1998). Viele Stressstudien haben gezeigt, dass ein gutes seelisch-soziales Stützsystem und ein Netzwerk von vertrauensvollen Beziehungen in starkem Maße Stress vorbeugen hilft.

Fragebogen zur Erfassung der kollegialen Kommunikation und Kooperation

Beurteilen Sie anhand der folgenden Aussagen die Kommunikation und Kooperation in Ihrem Kollegium. Geben Sie Ihre Meinung durch Ankreuzen an. Sie haben folgende Möglichkeiten.

1 = diese Aussage lehne ich voll ab
2 = diese Aussage lehne ich eher ab
3 = dieser Aussage stimme ich weder zu, noch lehne ich sie ab
4 = dieser Aussage stimme ich eher zu
5 = dieser Aussage stimme ich voll zu

		1	2	3	4	5
1.	Bei uns herrscht ein gutes kollegiales Grundklima	❏	❏	❏	❏	❏
2.	Wir haben viel Vertrauen zueinander	❏	❏	❏	❏	❏
3.	Wir kommunizieren offen miteinander.	❏	❏	❏	❏	❏
4.	Wenn jemand in Schwierigkeiten gerät, wird er unterstützt.	❏	❏	❏	❏	❏
5.	Wir nehmen aufeinander Rücksicht.	❏	❏	❏	❏	❏
6.	Wir pflegen kollegiale Geselligkeit.	❏	❏	❏	❏	❏
7.	Wir sind kompromissbereit und verzichten auf die rigorose Durchsetzung von Einzelinteressen.	❏	❏	❏	❏	❏
8.	Wir entlasten uns durch Anteilnahme und Befindensgespräche.	❏	❏	❏	❏	❏
9.	Wir integrieren neue Kollegiumsmitglieder schnell.	❏	❏	❏	❏	❏
10.	Von Zeit zu Zeit reflektieren wir über unseren Umgang und unsere Kommunikation.	❏	❏	❏	❏	❏
11.	Wir haben einen Minimalkonsens, an dem wir unsere pädagogische Arbeit ausrichten.	❏	❏	❏	❏	❏
12.	Schwierige Disziplinkonflikte analysieren und lösen wir gemeinsam.	❏	❏	❏	❏	❏
13.	Wir tauschen Konzepte und Materialien aus.	❏	❏	❏	❏	❏
14.	Wir planen gemeinsam Unterricht.	❏	❏	❏	❏	❏
15.	Wir führen gemeinsam Unterricht durch.	❏	❏	❏	❏	❏
16.	Wir werten Unterricht gemeinsam aus.	❏	❏	❏	❏	❏
17.	Die Werdeprozesse wichtiger Entscheidungen sind bei uns transparent.	❏	❏	❏	❏	❏
18.	Wir haben einen gut funktionierenden Informationsfluss.	❏	❏	❏	❏	❏
19.	Aufgaben werden in ausreichendem Maße von oben nach unten delegiert.	❏	❏	❏	❏	❏
20.	Gute pädagogische Arbeit wird anerkannt und gewürdigt.	❏	❏	❏	❏	❏

Programmbeispiel eines Pädagogischen Tages

„Kommunikation und Kooperation im Kollegium"

8.30   Begrüßung, Einstimmung und Einführung

9.00   Impulsreferat und Einführung in die Gruppenarbeit im Plenum

9.30   Stärken-Schwächen-Analyse unserer kollegialen Kommunikation und Kooperation (Gruppenarbeit; Fixierung der Ergebnisse auf Postern)

11.15   Ergebnispräsentation und Zusammenfassung im Plenum

12.00   Mittagessen

13.45   Weiterentwicklung unserer kollegialen Kommunikation und Kooperation (Gruppenarbeit; Fixierung der Ergebnisse auf Postern)

15.15   Pause

15.45   Ergebnispräsentation, Zielvereinbarungen und Aufgabenverteilung im Plenum

17.00   Ende

Weiterführende Literatur
Altrichter, H./Schley, W./Schratz, M. (Hrsg.): Handbuch der Schulentwicklung. Innsbruck und Wien 1998.
Buhren, C. G./Killus, D./Müller, S.: Wege und Methoden der Selbstevaluation. Ein praktischer Leitfaden für Schulen. Dortmund 1998.
Keller, G.: Wir entwickeln unsere Schule weiter. Praxisleitfaden zur Inneren Schulentwicklung. Donauwörth 1997.
Philipp, E./Rolff, H.-G.: Schulprogramme und Leitbilder entwickeln. Ein Arbeitsbuch. Weinheim und Basel 1999[3].
Rolff, H.-G./Buhren, C. G./Lindau, D./Müller, S.: Manual Schulentwicklung. Handlungskonzept zur pädagogischen Schulentwicklungsberatung (SchuB). Weinheim und Basel 1999[2].
Ruep, M.:Innere Schulentwicklung – Theoretische Grundlagen und praktische Besipiele. Donauwörth 1999.

5. Schlussbemerkung

Konflikte im Zusammenleben, Zusammenarbeiten und Zusammenlernen sind aufgrund der Unfertigkeit des Menschen und der menschlichen Organisationen unvermeidlich. Dies sollte nicht zu negativ und auch nicht resignativ gesehen werden. Meine Philosophie ist, dass Konflikte lösbar und verhinderbar sind, wenn wir uns von ihnen nicht gefangen, sondern positiv herausgefordert fühlen.

> *„Möglichkeiten zur Behandlung eines Konflikts sind weitgehend von den Grundeinstellungen zum Konflikt abhängig."*
> *Friedrich Glasl*

Diese Grundeinstellung können wir nur dann in konkrete Lösungs- und Präventionsarbeit umsetzen, wenn wir gutes und aktives Konfliktmanagement betreiben. Dies setzt allerdings ein wirksames Lösungs- und Präventionsrepertoire voraus. Mein Buch möchte einen Beitrag zum Aufbau und zur Weiterentwicklung dieses Repertoires leisten.

Die Kunst, Konflikte zu bewältigen und zu verhindern, sollte zu einer Kernkompetenz pädagogischer Führungskräfte sowie aller Lehrerinnen und Lehrer werden. Hierzu verhelfen müssen die Lehrerausbildung, die Lehrerfortbildung, die Schulentwicklung, das pädagogische Führungstraining sowie gemeinsame und kontinuierliche Reflexionen auf allen Schulebenen.

Das Lösungs- und Präventionsrepertoire ist für ein erfolgreiches Konfliktmanagement notwendig. Dennoch muss es in der jeweiligen Konfliktsituation flexibel und differenziert angewandt werden. Ich schließe deshalb mit einer orientalischen Parabel, die uns hierfür sensibel machen soll:

Der mit Salz beladene Esel

Ein Esel, der mit Salz beladen war, musste durch einen Fluss waten. Er fiel hin und musste für einige Augenblicke in der kühlen Flut liegen. Beim Aufstehen fühlte er sich um einen großen Teil seiner Last erleichtert, weil das Salz im Wasser geschmolzen war. Der Esel merkte sich diesen Vorteil und wandte ihn gleich an, als er, mit Schwämmen belastet, wieder durch diesen Fluss ging. Dies mal fiel er absichtlich nieder, sah sich aber arg getäuscht. Die Schwämme hatten nämlich das Wasser angesogen und waren bedeutend schwerer als vorher. Die Last war so groß, dass er erlag. Ein Mittel taugt nicht für alle Fälle.

6. Literaturverzeichnis

◆ Aurin, K. (Hrsg.): Gute Schulen – worauf beruht ihre Wirksamkeit? Bad Heilbrunn1991 (2. Aufl.).

◆ Aurin, K.: Gemeinsam Schule machen. Schüler, Eltern, Lehrer – ist Konsens möglich? Stuttgart 1994.

◆ Becker, G. E.: Lehrer lösen Konflikte. Ein Studien- und Übungsbuch. Weinheim und Basel 1995 (7. Aufl.).

◆ Busch, L./Todt, E.: Gewalt in der Schule. In: Rost, D. H.: Handwörterbuch Pädagogische Psychologie. Weinheim 1998.

◆ Brügelmann, H. (Hrsg.): Was leisten unsere Schulen? – Zur Qualität und Evaluation von Unterricht. Seelze 1999

◆ Bründel, H./Amhoff, B./Deister, C.: Schlichter-Schulung in der Schule. Eine Praxisanleitung für den Unterricht. Dortmund 1999.

◆ Dubs, R.: Die Führung einer Schule. Zürich 1994.

◆ Dulabaum, N. L.: Mediation: Das ABC. Die Kunst, in Konflikten erfolgreich zu vermitteln. Weinheim und Basel 1998.

◆ Eikenbusch, G.: Praxishandbuch Schulentwicklung. Berlin 1998.

◆ Ehinger, W./Hennig, C.: Praxis der Lehrersupervision. Leitfaden für Lehrergruppen mit und ohne Supervisor. Weinheim und Basel 1997 (2. Aufl.).

◆ Faller, K./Kerntke, W./Wackmann, M.: Konflikte selber lösen. Mediation für Schule und Jugendarbeit. Mülheim 1996.

◆ Fend, H.: Qualität im Bildungswesen. Schulforschung zu Systembedingungen, Schulprofilen und Lehrerleistung. Weinheim und München 1998.

◆ Fischer, W. A./Schratz, M.: Schule leiten und gestalten. Innsbruck 1993.

◆ Francis, D./Young, D.: Mehr Erfolg im Team. Hamburg 1996 (5. Aufl.).

◆ Gäde, E.-G./Listing, S.: Sitzungen effektiv leiten und gestalten. Ein Arbeitsbuch für Leiterinnen und Leiter von Konferenzen und Besprechungen. Mainz 1996.

◆ Glasl, F.: Konfliktmanagement. Ein Handbuch für Führungskräfte, Beraterinnen und Berater. Bern 1999 (6. Aufl.).

◆ Glasl, F.: Selbsthilfe in Konflikten. Konzepte, Übungen, praktische Methoden. Stuttgart 1998.

◆ Großmann, C.: Projekt: Soziales Lernen. Mülheim 1996.
Institut für Schulentwicklungsforschung (Hrsg.): IFS-Schulbarometer. Ein mehrperspektivisches Instrument zur Erfassung der Schulwirklichkeit. Dortmund 2000 (6. Aufl.).

◆ Hennig, C./Ehinger, W.: Das Elterngespräch in der Schule. Von der Konfrontation zur Kooperation. Donauwörth 1999.

◆ Hennig, C./Keller, G.: Anti-Stress-Programm für Lehrer. Formen, Ursachen, Bewältigung von Berufsstress. Donauwörth 1998 (2. Aufl.).

◆ Hennig, C./Keller, G.: Lehrer lösen Schulprobleme. Lernförderung, Verhaltenssteuerung, Gesprächsführung. Donauwörth 2000 (3. Aufl.).

◆ Hentig, H. v.: Was ist eine humane Schule? München und Wien 1976.

◆ Jefferys, K./Noack, U.: Streiten, Vermitteln, Lösen. Das Schüler-Streit-Schlichter-Programm für die Klassen 5 bis 10. Lichtenau 1995.

◆ Jefferys-Duden, K.: Das Streitschlichterprogramm. Mediatorenausbildung für Schülerinnen und Schüler der Klassen 3–6. Weinheim und Basel 1999.

◆ Kasper, H.: Mobbing in der Schule. Probleme annehmen, Konflikte lösen. Weinheim und Basel 1998 (2. Aufl.).

◆ Keller, G.: Pädagogische Psychologie griffbereit. Ein schulpraktisches Handbuch. Donauwörth 1994.

◆ Keller, G.: Schulische Entwicklungspsychologie. Entwicklung, Entwicklungsprobleme, Entwicklungsförderung. Donauwörth 2000.

◆ Keller, G.: Wir entwickeln unsere Schule weiter. Praxisleitfaden zur Inneren Schulentwicklung. Donauwörth 1997.

◆ Keller, G.: Evaluation und Weiterentwicklung der pädagogischen Arbeit. Lehren und Lernen, 25, Heft 1, 1999, S. 8–13

◆ Keller, G.: Schul-Entwicklungs-Bilanz 2000. Oberschulamt. Tübingen 2000.

◆ Keller, G./Hafner, K.: Soziales Lernen will gelernt sein! Lehrer fördern Sozialverhalten. Donauwörth 1999.

◆ Kempfert, G./Rolff, H. G.: Pädagogische Qualitätsentwicklung. Ein Arbeitsbuch für Schule und Unterricht. Weinheim und Basel 1999.

◆ Kistner, T.: Mobbing – wo andere leiden, hört der Spaß auf. IG Metall. Frankfurt am Main 1997.

◆ Klebert, K./Schrader, E./Straub, W. G.: ModerationsMethode. Hamburg 1991

◆ Klippert, H.: Pädagogische Schulentwicklung. Planungs- und Arbeitshilfen zur Förderung einer neuen Lernkultur. Weinheim und Basel 2000.

◆ Kohlberg, L.: Die Psychologie der Moralentwicklung. Frankfurt am Main 1996.

◆ Korte, J.: Sozialverhalten ändern! Aber wie? Ideen und Vorschläge zur Förderung sozialen Verhaltens an Schulen. Weinheim und Basel 1996.

◆ Korte, J.: Stundenentwürfe zur sozialen Unterweisung. Weinheim und Basel 1997.

◆ Kowalczyk, W./Häring, H.-G.: Guten Abend: Elternabend! Tipps und Hilfen für den kreativen Elternabend. Lichtenau 1996.

◆ Kuhnt, B./Müllert, N. R.: Moderationsfibel Zukunftswerkstätten. Das Praxisbuch zur Sozialen Problemlösungsmethode Zukunftswerkstatt. Münster 1996.

◆ Langmaack, B.: Themenzentrierte Interaktion. Weinheim 2000.

◆ Langmaack, B./Braune-Krickau, M.: Wie die Gruppe laufen lernt. Anregungen zum Planen und Leiten von Gruppen. Weinheim 1999 (6. Aufl.).

◆ Leymann, H. (Hrsg.): Der neue Mobbing-Bericht. Erfahrungen und Initiativen, Auswege und Hilfsangebote. Reinbek bei Hamburg 1995.

◆ Lipp, U./Will, H.: Das große Workshop-Buch. Konzeption, Inszenierung und Moderation von Klausuren, Besprechungen und Seminaren. Weinheim und Basel 1996.

◆ Lohmann, A.: Führungsverantwortung der Schulleitung. Handlungsstrategien für eine innere Schulentwicklung. Neuwied 1999.

◆ Memmert, W.: Die Führung einer Schulklasse. Disziplinschwierigkeiten müssen nicht sein. München 1988 (3. Aufl.).

◆ Miller, R.: Sich in der Schule wohlfühlen. Wege für Lehrerinnen und Lehrer zur Entlastung im Schulalltag. Weinheim und Basel 1992 (5. Aufl.).

◆ Miller, R.: „Das ist ja wieder typisch!“ Kommunikation und Dialog in Schule und Verwaltung. 25 Trainingsbausteine. Weinheim und Basel 1997 (2. Aufl.).

◆ Mitschka, R.: Die Klasse als Team. Ein Wegweiser zum Sozialen Lernen in der Sekundarstufe. Linz 1997.

- Molnar, A./Lindquist, B.: Verhaltensprobleme in der Schule. Dortmund 1997 (5. Auflage).

- Müller-Fohrbrodt, G.: Konflikte konstruktiv bearbeiten lernen. Zielsetzungen und Methodenvorschläge. Leverkusen 1999.

- Neubauer, W. F./Gampe, H./ Knapp, R.: Konflikte in der Schule. Aggression, Kooperation, Schulentwicklung. Neuwied (5. Aufl.)

- Nissen, P./Iden, U.: Kurskorrektur Schule. Hamburg 1995.
  Petillon, H.: Soziale Beziehungen in Schulklassen. Weinheim und Basel 1980.

- Philipp, E.: Gute Schulen verwirklichen. Ein Arbeitsbuch mit Methoden, Übungen und Beispielen der Organisationsentwicklung. Weinheim und Basel 1995 (2. Aufl.).

- Philipp, E.: Teamentwicklung in der Schule. Konzepte und Methoden. Weinheim und Basel 1998 (2. Aufl.).

- Philipp, E./Rolff, H.-G.: Schulprogramme und Leitbilder entwickeln. Ein Arbeitsbuch. Weinheim und Basel 1999 (3. Aufl.).

- Raser, J.: Erziehung ist Beziehung. Weinheim und Basel 1999.

- Redlich, A.: Konfliktmoderation. Hamburg 1997.

- Resch, M: Wenn Arbeit krank macht. Frankfurt am Main und Berlin 1994.

- Reynolds, D.: Forschung zu Schulen und zur Wirksamkeit ihrer Organisation – das Ende des Anfangs? Eine kritische Bilanz aus der Sicht britischer Erfahrungen. In: Aurin, K.: Gute Schulen – worauf beruht ihre Wirksamkeit? Bad Heilbrunn 1991 (2. Aufl.).

- Rolff, H.-G./Buhren, C. G./Lindau-Bank, D./Müller, S.: Manual Schulentwicklung. Handlungs- konzept zur pädagogischen Schulentwicklungsberatung (SchuB). Weinheim und Basel 1998.

- Schubarth, W./ Kolbe, F. U./ Willems, H. (Hrsg.): Gewalt an Schulen. Ausmaß, Bedingungen und Prävention. Opladen1996.

- Schulz von Thun, F.: Miteinander reden: Störungen und Klärungen. Psychologie der zwischenmenschlichen Kommunikation. Reinbek bei Hamburg: 1989.

- Schwind, H. D.: Gewalt in der Schule – am Beispiel von Bochum. Mainz 1995

- Seifert, J. W.: Visualisieren – Präsentieren – Moderieren. Bremen 1993.

- Stanford, G.: Gruppenentwicklung im Klassenraum und anderswo. Praktische Anleitung für Lehrer und Erzieher. Braunschweig 1980.

- Stern, C./Döbrich, P. (Hrsg.): Wie gut ist unsere Schule? Selstevaluation mit Hilfe von Qualitätsindikatoren. Gütersloh 1999.

- Tausch, R./Tausch, A. M.: Erziehungspsychologie. Göttingen 1998 (11. Aufl.).

- Thomann, C.: Klärungshilfe: Konflikte im Beruf.Reinbek bei Hamburg 1998.

- Tosch, M.: Besprechungen moderieren. Eichenzell 1997.
  Vopel, K. W.: Materialien für Gruppenleiter Teil 1–8. Salzhausen 1993 (2. Aufl.).

- Watzlawick, P./Beavin, J. H./Jackson, D. D.: Menschliche Kommunikation. Formen, Störungen, Paradoxien. Bern 1969.

- Winkel, R.: Der gestörte Unterricht. Bochum 1996 (6. Aufl.)

- Zapf, D./Warth, K.: Mobbing – Subtile Kriegsführung am Arbeitsplatz. Psychologie Heute, 8, 1997, 21–29.

◆ Zuschlag, B.: Mobbing: Schikane am Arbeitsplatz. Göttingen 1994.

◆ Zuschlag, B./Thiele, W.: Konfliktsituationen im Alltag. Ein Leitfaden für den Umgang mit Konflikten in Beruf und Familie. Göttingen 1998 (3. Aufl.).

Notizen

Was leisten unsere Schulen?

Zur Qualität und Evaluation von Unterricht
Hans Brügelmann (Hrsg.)
mit Beiträgen von Klaus-Jürgen Tillmann,
Ulf Preuss-Lausitz; Horst Bartnitzky,
Hans Werner Heymann u. a.

Die Frage, was eine gute Schule sei, ist in letzter Zeit verstärkt ins öffentliche Interesse getreten. In ihrem Gefolge finden sich „Zauberwörter" wie Evaluation, Leistungsvergleichsstudie und Schulprogrammentwicklung. Denn unsere Schulen sind aufgerufen, Rechenschaft zu geben, über Inhalte und Ziele ihrer Arbeit nachzudenken, ein Programm zu entwickeln und Qualität zu sichern – ein umfangreicher Forderungenkatalog.

Hans Brügelmann befragt sich und andere nach den Hintergründen und dem Sinn dieser Forderungen. Dabei wird nachgedacht über Leistung und ihre Messbarkeit, über bestehende Ansprüche, die an Schule gestellt werden, über Chancen von Schulentwicklung. Und es werden viele Vorschläge gemacht, was denn konkret getan werden kann. Was dabei entsteht, ist eine differenzierte und kritische Auseinandersetzung mit den verschiedenen Modellen und Begriffen von Evaluation und Schulqualität. Das Buch bietet all denen, die mit und in der Schule arbeiten, Hilfestellung und Orientierung bei dem schwierigen Prozess der gemeinsamen Reflexion und der Weiterentwicklung zu einer immer besseren Schule.

175 Seiten, DM 24,80 / sFr 23,– / öS 181,–
ISBN 3-7800-2018-1

Kallmeyer bei Friedrich in Velber
Im Brande 19, 30926 Seelze-Velber
Tel.: (05 11) 40 00 41 75, Fax: (05 11) 40 00 41 76
E-Mail: info@kallmeyer.de
Internet: www.kallmeyer.de

Erziehung zur Gemeinschaftsfähigkeit

Eine Aufgabe von Schule und Elternhaus

Gemeinschaft ist überall. Finden jedoch zwischen Individuen in Gruppen tatsächlich immer fruchtbare Kooperation und Austausch statt? Ist die Fähigkeit zur Gemeinschaft selbstverständlich oder muss sie besonders gefördert werden? Solche Fragen muss Schule stellen – und auch beantworten können. Angehende Lehrerinnen und Lehrer sollten daher in ihrer Ausbildung an Methoden und Hintergründe zur Umsetzung solcher Fragestellungen im Unterricht herangeführt werden, damit sie in Zusammenarbeit mit den Eltern die wichtige persönlichkeitsbildende Phase im Leben der Kinder zur Förderung der Gemeinschaftsfähigkeit nutzen können. Konrad Lemnitzer und Werner Wiater, Mitherausgeber der Zeitschrift LERNCHANCEN, bieten mit dieser Textsammlung insbesondere Referendaren in Bayern eine Unterstützung bei der Vorbereitung auf das Prüfungsthema „Erziehung zur Gemeinschaftsfähigkeit als Aufgabe von Schule und Elternhaus".

96 Seiten
DM 14,80 zzgl. Versandkosten
ISBN 3-7800-2016-5

Kallmeyer bei Friedrich in Velber
Im Brande 19, 30926 Seelze-Velber
Tel.: (05 11) 40 00 41 75, Fax: (05 11) 40 00 41 76
E-Mail: info@kallmeyer.de
Internet: www.kallmeyer.de